Bernadette Olderdissen

Hamburg

MIKROABENTEUER

ZUM ENTDECKEN UND GENIESSEN

360°medien

IMPRESSUM

Hamburg
50 MIKROABENTEUER ZUM ENTDECKEN UND GENIESSEN
Bernadette Olderdissen

© 2021 360° medien
Marie-Curie-Straße 31 | 40822 Mettmann
www.360grad-medien.de

Das Werk ist in allen seinen Teilen urheberrechtlich geschützt. Jede Verwertung außerhalb der engen Grenzen des Urheberrechtsgesetzes ist ohne Zustimmung des Verlags unzulässig. Dies gilt insbesondere für Vervielfältigungen, Übersetzungen, Mikroverfilmungen und die Einspeicherung sowie Verarbeitung in elektronischen Systemen.

Der Inhalt des Werkes wurde sorgfältig recherchiert, ist jedoch teilweise der Subjektivität unterworfen und bleibt ohne Gewähr für Richtigkeit, Vollständigkeit und Aktualität.

Redaktion und Lektorat: Christine Walter

Satz und Layout: Serpil Sevim-Haase

Gedruckt und gebunden:
Lensing Druck GmbH & Co. KG | Feldbachacker 16 | 44149 Dortmund
www.lensingdruck.de

Bildnachweis: siehe Seite 256

ISBN: 978-3-96855-071-8
Hergestellt in Deutschland

www.360grad-medien.de

Bernadette Olderdissen

Hamburg

50
MIKROABENTEUER

ZUM ENTDECKEN UND GENIESSEN

360°medien

Vorwort

Wie man so schön sagt, beginnt jede Reise mit dem ersten Schritt – oder vielleicht auch einfach mit der allerersten Destination. Und meine erste Reise allein führte mich, im Rheinland aufgewachsen, mit 14 Jahren ausgerechnet nach Hamburg. Noch heute erinnere ich mich an die Aufregung, die ich verspürte, als der Intercity nach dem Bahnhof Hamburg-Harburg über die Norderelbe fuhr und ich die ersten Pötte und Kräne im Hamburger Hafen erspähte. Alles wirkte so unglaublich groß, roch nach weiter Welt und weckte wohl erstmals meinen Entdeckerdrang. Ich weiß noch, wie ich abgeholt wurde und wir mit der S1 zum Jungfernstieg fuhren, wie ich das erste Mal die Binnenalster erblickte mit ihrer großen Wasserfontäne in der Mitte und wie wir im Restaurant Alex mit schönstem Alsterblick zu Mittag aßen – noch heute ein beliebtes Lokal bei Hamburgern und Besuchern zugleich.

Die erste Hafenrundfahrt, die ich ganz allein unternahm, brachte mich zum Lachen, denn ich mochte den trockenen Hamburger Humor und die Art, wie viele Menschen auch das ‚St' zu Beginn eines Wortes ganz spitz aussprachen. Hamburg lehrte mich meine Leidenschaft für Musicals – als Erstes fürs „Phantom der Oper" in der Neuen Flora an der Stresemannstraße, bei einem weiteren Besuch kam „Cats" in einer Halle unweit der Reeperbahn hinzu. Es war unglaublich aufregend, diese Glitzermeile voller für Jugendliche verbotener Eingänge und Läden spätabends hinab zu spazieren, in den Schaufenstern Bilder spärlich bekleideter Frauen sowie die bizarrsten Objekte zu sehen und Betrunkenen auszuweichen, die sich überall knubbelten.

Wie jeder Hamburg-Newbie musste auch ich auf den Michel kraxeln, den Blick über die Landungsbrücken bis zur Elbe bestaunen und den Eingang zu St. Paulis Altem Elbtunnel, der auf keiner Hamburg-Postkarte fehlt. Und dann war da der schicke Stadtteil

Blankenese, wo ich unterkam, mit seinen Villen und unzählig vielen Treppen – eine Welt für sich fernab des Trubels der Innenstadt, die mir schon damals einen Eindruck der verschiedenen Gesichter Hamburgs vermittelte.

Ja, Hamburg und ich, das war nahezu Liebe auf den ersten Blick. Und obwohl ich nach dem Studium jahrelang im Ausland lebte, schwor ich mir, nur nach Hamburg zu ziehen, sollte ich jemals nach Deutschland zurückkehren. Gesagt, getan: Seit Oktober 2016 ist Hamburg meine Wahlheimat. Aber vielleicht auch irgendwann wieder mein persönliches Tor zur Welt, denn wer weiß schon, wann es an der Zeit ist, den Anker wieder zu lichten?

Bernadette Olderdissen

Inhaltsverzeichnis

WILLKOMMEN IN HAMBURG 10

TOP TEN DER SEHENSWÜRDIGKEITEN IN HAMBURG 14

KURIOSES UND BESONDERHEITEN AUS HAMBURG 20

IM WESTEN HAMBURGS 26
1. Willkomm-Höft in Wedel: das Tor zu Hamburg 30
2. Spaziergang mit Weit- und Rückblick
   an der Elbe in Blankenese 34
3. Altonaer Volkspark: grüne Oase inmitten der Stadt 38
4. Bargheer Museum im Jenischpark 42
5. Café Schmidt & Schmidtchen:
   eine Hamburger Kaffee-Institution 46
6. FrauenFreiluftGalerie: Frauenpower in Bildern 50

IM HERZEN HAMBURGS 54
7. Spaziergang auf den Spuren der Beatles 58
8. Von Harrys Hafenbasar zur Übernachtung
   im Hafenkran 64
9. Exotik für die Sinne im Spicy's Gewürzmuseum 68
10. Hamburgs Flussschifferkirche:
    Gottesdienst auf dem Boot 72
11. Das verborgene Bischofsturm-Café 76
12. Erkundungstour zwischen Peterstraße
    und Hummel-Denkmal 80
13. Komm in die Gänge! Das Überbleibsel
    von Hamburgs Gängeviertel 84
14. Teikei-Café im Karoviertel: echt fairer Kaffee 88

15. In guter Gesellschaft: Hamburgs erstes
    Zero-Waste-Café 92
16. Street-Art-Spaziergang im Schanzenviertel 96
17. Skandinavisch-amerikanisch schlemmen:
    Brian's Steak & Lobster 100

IM NORDEN HAMBURGS 104

18. Wanderung durch verwunschene Landschaften
    im Wittmoor 108
19. Müllberg mit Weitblick 112
20. Wanderung auf dem Alsterwanderweg
    im Norden Hamburgs 116
21. Spaziergang über den Ohlsdorfer Friedhof 120
22. Museum der Arbeit: Entdecken, Fördern, Mitmachen 124
23. Auswärts daheim: das „Lütt Liv" 128
24. Im Polizeimuseum: ein Blick hinter die Kulissen
    der Polizeiarbeit 132
25. Die Geheimnisse des Stadtparks 136
26. Hamburg vom Wasser aus erleben: eine Paddeltour 140
27. King of my Castle in Schloss Ahrensburg 144

IM OSTEN HAMBURGS 148

28. Entenwerder 1: das schwimmende Café 152
29. Wasserkunst Kaltehofe: wo Hamburgs
    Trinkwasser herkam 156
30. Boberger Niederung: rund um Hamburgs
    letzte Wanderdünen 160
31. Schloss Bergedorf: Hamburgs letztes Schloss 164
32. Entspannung und Wassersport
    am Hohendeicher See 168
33. Dunkle Vergangenheit in der Gedenkstätte
    KZ Neuengamme 172
34. Freilichtmuseum Rieck Haus:
    das bäuerliche Hamburg 176

35. Riepenburger Mühle: nicht irgendeine Windmühle 180
36. Urlaubsfeeling auf dem Bauernhof 184
37. Das kleinste Restaurant der Welt? 188
38. Waldbaden im Sachsenwald und
    Forsthaus Friedrichsruh.. 192

IM SÜDEN HAMBURGS 196
39. Veddeler Fischgaststätte: weniger ist mehr 200
40. Auswanderermuseum BallinStadt:
    „Von Hamburg in die Welt".. 204
41. Energieberg: von der Mülldeponie
    zum Naherholungsgebiet 208
42. Der Energiebunker in Wilhelmsburg 212
43. Bunthäuser Spitze: Wanderung zu
    Hamburgs kleinstem Leuchtturm....................................216
44. Rundgang durch die Zeiten:
    das Archäologische Museum 220
45. Spaziergang vom historischen zum
    modernen Harburg.. 224
46. Wildpark Schwarze Berge: mehr als
    Tiere hinter Gittern 228
47. Freilichtmuseum am Kiekeberg: Geschichte
    zum Anfassen 232
48. Fischbeker Heide: Beginn des Heidschnuckenwegs......... 236
49. Radtour durch das Alte Land... 240
50. So nah und doch weit weg: Hausbootübernachtung
    auf einem Elb-Arm 244

DAS KLEINE WÖRTERBUCH FÜR HAMBURG.........................248

STICHWORTVERZEICHNIS 250

BILDNACHWEIS 256

Danke

Ganz besonders möchte ich meiner Mutter, Sigrid Olderdissen, danken, die mich unermüdlich bei den Recherchen für dieses Buch unterstützt hat und mit mir selbst bei größter Hitze durch Innenstadt, Moore und Wälder gezogen ist, um besondere Hamburg-Spots zu entdecken. Und die meine erste Probeleserin sein durfte. Danke, Mum, du warst eine riesige Hilfe!

Abendstimmung an den Landungsbrücken

In den Monaten vor der Veröffentlichung dieses Buchs mussten Lokale und Besucherattraktionen immer wieder aufgrund der Corona-Pandemie ihre Öffnungszeiten einschränken oder zeitweise komplett schließen. Die in diesem Band angegeben Öffnungszeiten wurden gewissenhaft nach dem letzten bekannten Stand recherchiert – mit weiteren Änderungen ist jedoch nach der Pandemie zu rechnen, weshalb wir Lesern empfehlen, während des Aufenthalts in Hamburg Öffnungszeiten anhand der hier aufgeführten Internetseiten selbst zu überprüfen.

Willkommen in Hamburg

Obwohl Hamburg rund 100 Kilometer landeinwärts von der Elbmündung in die Nordsee liegt, gilt die zweitgrößte deutsche Stadt (mit gut 1,8 Millionen Einwohnern nach Berlin mit knapp 3,8 Millionen) als Deutschlands Tor zur Welt. Natürlich, denn immerhin verfügt Hamburg über Deutschlands größten Seehafen mit 7200 Hektar, zu dem neben vier gigantischen Containerterminals auch drei weitere für Kreuzfahrtschiffe gehören, wo jährlich an die 900.000 Menschen aus aller Welt ankommen und wieder abfahren. Dazu stelle man sich etwa 135 Millionen Tonnen Umschlagsgut vor, die der Hamburger Hafen abfertigt. Wer einmal eine Bootstour rund um den Hamburger Hafen unternimmt, wird mit Nackenschmerzen zurückkehren, so oft muss er an riesigen Pötten und Kränen emporschauen, die schwer befüllte Container verladen.

Hamburg verfügt über stolze 104 Stadtteile, die teils so unterschiedlich sind, dass man sich in völlig unterschiedlichen Städten wähnt. Die meisten Hamburger wohnen am liebsten nördlich der Elbe, also dort, wo das Zentrum mit dem berühmten Jungfernstieg und der Mönckebergstraße liegt. Wo das Rathaus steht, die hohen roten Backsteinbauten der zwischen 1883 und 1912 erbauten Speicherstadt zu bewundern sind und man teure Eigentumswohnungen in der topmodernen Hafen City rund um die Elbphilharmonie, liebevoll Elphi genannt, kaufen kann. Einige der besten Wohngegenden und der Top-Attraktionen befinden sich in Hamburg in Wassernähe, vor allem rund um Alster oder Elbe, doch selbst zwischen den westlichen Elbvierteln wie Blankenese und den östlichen in den Vier- und Marschlanden könnten die Differenzen nicht größer sein. Im Westen liegen die malerischen Elbstrände und Villen all der Millionäre und sogar Milliardäre, die Hamburg beheimatet, im Osten reihen sich Gewächs-, Reetdach- und Bauernhäuser aneinander und vermitteln das Gefühl, auf dem tiefsten Land angekommen zu sein.

Apropos Land und Grün – wer durch Hamburg schlendert oder sich nur eine Stadtkarte anschaut, entdeckt unerwartet viel Grün. Zahlreiche Parks und Waldgebiete unterbrechen Asphalt und Blechschlangen, seien es der Stadtpark mit Sonnenuntergang-Hotspot, der Altonaer Volkspark, Hagenbecks Tierpark, der zusätzlich eine Menge exotischer Tiere bietet, oder manch kleiner Park an einem Kanal oder Fleet. Fast überall, wo die Natur dominiert, lässt sich beobachten, wie sportlich die Hamburger sind, denn nicht nur an Alster und Elbe hält sich die Anzahl an Joggern ungefähr die Waage mit der an Spaziergängern, sondern auch rund um alle anderen Grünflächen, die sich teils an Museen oder andere kulturelle Angebote anschließen.

Hamburg strotzt nämlich nicht nur vor Konzert- und Musicalhallen, sondern auch vor Museen, Ausstellungen und weiteren kulturellen Highlights, die selbst manchem Kulturbanausen Neugier entlocken. Andererseits ist sie aber auch eine junge und lebhafte Partystadt mit einer Universität und den dazugehörigen Studenten, die sich gern in etwas alternativen Vierteln wie der Schanze oder dem Karolinenviertel tummeln. Also in Straßen voller Cafés, Bars und Clubs, wo man sich im Sommer mit mehr als einer Flasche Bier vor Graffiti- beziehungsweise Street-Art-dekorierten Hauswänden versammelt und im Winter in lauschigen Lokalen aneinander kuschelt. Um nicht die weltberühmte Vergnügungsmeile Ree-

Hamburger Gruß

perbahn zu vergessen, wo zwischen die unzähligen Stripclubs, Sexshops und Kneipen höchstens noch eine paar Döner-Imbisse und Kioske passen, um Nachtschwärmern bis in die Morgenstunden beim Absorbieren der Flüssigkeit zu helfen. Der Klassiker sowohl unter Hamburgern als auch weltweiten Besuchern ist es, nach durchzechter Nacht sonntags in aller Frühe zum Altonaer Fischmarkt zu strömen und sich den Fang der Nacht in einem saftigen Fischbrötchen einzuverleiben – denn wer Hamburg verlässt, ohne zumindest einmal in ein Fischbrötchen gebissen zu haben, war nicht wirklich in der Stadt. Und zum Thema Brötchen: Dies gilt nicht nur für Fisch-, sondern auch für Franzbrötchen. Wer sich darunter nun ein mit Schinken, Käse oder ähnlichem belegtes Brötchen vorstellt, wird enttäuscht von dem Gebäck aus Plunderteig mit reichlich Zimt und Zucker, das sich hartnäckig an Zähne und Gaumen haftet und mit locker 450 Kalorien direkt die Hüften anstrebt.

Doch Fisch- und Franzbrötchen sind neben dem Elbtunnel so ungefähr das Einzige, was den Norden Hamburgs mit dem Süden

Ein Fischbrötchen gehört dazu.

verbindet. Hört man sich unter Hamburgern aus dem Norden um, ist den meisten Süd-Hamburg eher fremd und nach Meinung vieler besteht auch keine Notwendigkeit, dorthin zu fahren. In Richtung Elbtunnel düst von Norden kommend meist nur, wer beruflich „auf der anderen Seite" zu tun hat – beispielsweise im Airbus-Werk in Hamburg-Finkenwerder – oder aber auf der A7 Richtung Hannover und Süddeutschland reist. Was schade ist, denn auch der Süden wartet mit industriellen Denkmälern, kulturellen Schätzen und viel Natur auf – darunter mit dem höchsten Gipfel Hamburgs mit stolzen 116,1 Metern in den Harburger Bergen. Oder mit der ersten Etappe des Heidschnucken-Fernwanderwegs durch die Lüneburger Heide, die im Stadtteil Fischbek beginnt.

Hamburg ist also bunt, es ist vielseitig und, wie die meisten Hamburger überzeugt sind, die schönste Stadt der Welt. Aber Hamburgs Architektur ist auch überwiegend modern, wurde die Stadt doch im Zweiten Weltkrieg zu großen Teilen zerstört und der Hafen danach verlagert. Doch was man an greifbarer Geschichte hat, das wird gefeiert – wie jedes Jahr am 7. Mai der Hafengeburtstag mit Schifferballett und Schiffsparaden, denn was schon seit 1189 besteht, dem gebührt viel Ehre. Und so hat jeder Hamburger sein kleines Stück Stadt, das er besonders ins Herz schließt, genauso wie jeder Besucher mit einem anderen Eindruck der Hansestadt nach Hause fährt. Für manch einen mögen es die heißen Mädels der Reeperbahn sein, für andere Urlaub auf dem Bauernhof in den Vier- und Marschlanden. Denn all dies ist Hamburg.

Top 10

DER SEHENSWÜRDIGKEITEN IN HAMBURG

Dieses Buch wird sich auf weniger bekannte Hamburg-Tipps konzentrieren, von denen auch manch waschechter Hamburger oder Wahlhamburger noch nicht gehört oder die er zumindest noch nicht selbst erlebt hat. Dennoch gibt es eine Reihe von Highlights, die jeder, der Hamburg einmal oder mehrmals besucht, angeschaut oder gemacht haben sollte. Dazu zählen:

1 Elbphilharmonie: Gut, ein Ticket für einen Konzertbesuch zu erwerben, ist nicht immer leicht, aber auch wer es nicht bis in einen der Säle schafft, um einem klassischen Konzert zu lauschen, kann die Elphi zumindest ein wenig von innen kennenlernen: indem er ein Ticket für die Plaza in 37 Metern Höhe erwirbt. Schon die Fahrt zur Plattform mit der Tube, einer langen Rolltreppe, ist ein Erlebnis – doch nichts schlägt an einem klaren Tag den Blick über die Elbe. Neben dem Blick gibt es mehr Informationen rund um die Elphi im Info-Center, einen Shop sowie ein nicht gerade billiges Café, von dem aus man einen schönen Blick genießt. Und bei einem

Gebäude, dessen Bau an die 323 Millionen Euro verschlang, sollte man auch beim Kaffee nicht knausern! *elbphilharmonie.de*

2 Speicherstadt: Sie stand schon für Hamburg, lange bevor man überhaupt an den Bau der Elphi dachte – die Speicherstadt, die als größte Ansammlung von Lagerhäusern weltweit gilt. Kein Wunder also, dass sie seit 2015 zum UNESCO-Weltkulturerbe zählt. Am besten lernt man sie und ihre seit Baubeginn 1883 bewegte Geschichte kennen, indem man eine etwa einstündige Bootstour über die Kanäle zwischen den hohen Backsteinbauten unternimmt und erfährt, wo Teppiche, Gewürze und andere Waren gelagert waren  oder sind; *hamburg.de/sehenswuerdigkeiten/4511364/speicherstadt*

3 Miniatur Wunderland: Es gilt nicht nur als eine der beliebtesten Sehenswürdigkeiten Hamburgs, sondern ganz Deutschlands: das Miniatur Wunderland, das Besuchern die gesamte Welt im winzigen Maßstab von 1:87 vor Augen führt und sich noch dazu in der attraktiven Speicherstadt befindet. Dabei hält der Name, was er verspricht, denn das Wunderland wächst so rasant, dass man auch beim zweiten oder dritten Besuch stets Neues entdeckt. Dazu gehören nicht nur originalgetreu nachgebaute Miniaturbauten, sondern auch eine riesige Modelleisenbahn, deren längster Zug mehr als 14 Meter lang ist; *miniatur-wunderland.de*

4 **Fischmarkt:** Altonas Fischmarkt an der Elbe ist nicht nur ein Markt, er fühlt sich an wie eine Art Volksfest, wenn jeden Sonntagmorgen – im Sommer ab fünf, im Winter ab sieben Uhr – an die 70.000 Menschen zusammenkommen. Manche, um ihren Reeperbahn-Rausch von Samstagnacht mit fettigen Fischbrötchen aufzusaugen,

andere, um frischen Fisch fürs Mittagessen zu besorgen, Touristen, um sich einfach mal umzuschauen, und viele weitere, die sich auch für die fischfreien Waren wie Obst und Gemüse oder Blumen interessieren. Manchmal fällt der Fischmarkt allerdings ins Wasser – nicht nur zu Pandemiezeiten, sondern auch, wenn das Elbhochwasser mal wieder die Fischauktionshalle flutet; *hamburg.de/fischmarkt*

5 **Reeperbahn:** Es ist die wohl einzige Straße der Stadt, deren Namen selbst jeder fremdsprachliche Tourist mehr oder weniger korrekt aussprechen kann. Hier versammeln sich überwiegend junge Männer und Frauen aus aller Welt vor allem am Freitag- und Samstagabend, teils für Junggesellenabschiede, teils, um mal wieder ordentlich auf den Putz zu hauen. Und was gibt es Schöneres als Bar- oder Club-Hopping an

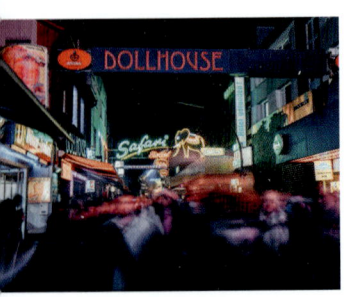

der sündigen Meile, als Stripclubtesten im Halbrausch oder den Besuch eines Etablissements, wo fast nichts tabu ist? Die Reeperbahn steht bei vielen für Hamburgs ultimative Freiheit und Freizügigkeit, ein Ort, wo die Hemmschwellen schmelzen und ein Morgen zumindest für eine Nacht lang nicht existiert; *hamburg.de/hamburger-reeperbahn*

6 Michel: Sie ist neben der Elphi Hamburgs bekanntestes Wahrzeichen – die Kirche St. Michaelis, liebevoll Michel genannt. Schon beim Eintreten wird jeder Besucher von Erzengel Michael begrüßt, dessen Statue über dem Eingangsportal schwebt – Schutzpatron von Rittern und Soldaten. Das prachtvolle, barocke Interieur lohnt mehr als nur einen schnellen Blick, ebenso wie die stolzen sechs Kirchenorgeln, die gerade zu Weihnachtskonzerten für eine festliche, Gänsehaut garantierende Stimmung sorgen. Danach ist es natürlich ein Muss, auf den in auffällige Kupferplatten gekleideten, 132 Meter hohen Turm zu kraxeln, der einen der schönsten Blicke über die Hansestadt bietet – zumindest dann, wenn kein Schietwetter herrscht; *st-michaelis.de*

7 Landungsbrücken: Sie dürfen auf keiner Hamburg-Postkarte fehlen – die Landungsbrücken mit ihren vielen Schiffen, die gleichermaßen ein Gefühl von Aufbruch und Ankunft vermitteln, wo man Museumsschiffe wie die berühmte Cap San Diego besichtigen kann oder wo Touristen Schlange stehen, um in den Alten Elbtunnel hinabzusteigen. Andererseits sind die ab 1839 entstandenen Landungsbrücken allerdings auch eine beliebte Flaniermeile. Mit zahlreichen Cafés, wo man ein Heißgetränk mit Schiffe-Blick schlürft, und einem Beach-Club mit Sandboden, wo sich die Hamburger mit den ersten warmen Sonnenstrahlen die Haut verbrennen; *hamburg.de/landungsbruecken*

8 **Alster:** Was wäre Hamburg ohne seine Alster? Genauso leer wie ohne die Elbe. Dass die Alster kein Binnensee, sondern ebenfalls ein Fluss ist, wissen viele noch immer nicht. Die meisten Leute tummeln sich rund um die Binnenalster am Jungfernstieg, um sich nach einem Einkaufsbummel in der City zu erholen und zuzuschauen, wie Ausflugsboote losschippern oder die Wasserfontäne in der Mitte in die Höhe schießt. Es gibt kaum eine Zeit im Jahr, wenn die Alster nicht Lebensmittelpunkt ist – im Sommer für Ausflüge auf dem Wasser und ein Eis oder einen kühlen Drink in der Sonne, im Winter für den Weihnachtsmarkt und ganzjährig für Veranstaltungen, Demonstrationen oder sonstige Events, die die Hamburger gerade beschäftigen; *hamburg.de/alster*

9 **Hafenrundfahrt:** Neben einer Bootsfahrt durch die Speicherstadt oder auf der Alster ist eine Hafenrundfahrt einmal im Leben obligatorisch. In keinem anderen Moment kommt man so nah heran an die riesigen Containerschiffe, die täglich in den Hafen ein- oder aus ihm auslaufen – pro Jahr etwa 10.000, die entlang der 43 Kilometer langen Kaimauer verladen werden. Während man in einer Nussschale von Boot zwischen den Riesen herumzuckelt, kann einem schon mal etwas

bange werden, doch darüber hinaus wird eines ganz klar: dass Hamburg wirklich ein Tor zur Welt ist. Denn sein Hafen verbindet die Stadt mit Hunderten von Häfen in der ganzen Welt und trägt damit entscheidend zum weltweiten Handel bei; *hafen-hamburg.de, hamburg.de/hafenrundfahrt*

10 **Planten un Blomen:** Hamburgs kunterbunte Parkanlage, die in den früheren Hamburger Wallanlagen beheimatet ist, sprüht gerade in den Sommermonaten vor Leben. Dann, wenn die Blumen blühen, die Wasserlichtspiele jeden zum Staunen bringen und sich Kinder auf den großen Spielflächen austoben, während Pärchen Händchen haltend durch den Japanischen Garten schlendern. Planten un Blomen ist eine grüne Oase inmitten der City, wo kurz mal Durchschnaufen nach viel Sightseeing angesagt ist und wo man auch einen ersten Eindruck bekommt vom natürlichen Hamburg, das so viele Grünflächen wie keine andere deutsche Stadt umfasst; *plantenunblomen.hamburg.de*

Kurioses und Besonderheiten

AUS HAMBURG

Wie jedes Land, jede Region und auch jede Stadt hält natürlich auch Hamburg manche Besonderheit bereit oder verbirgt manch kuriosen Fakt, deren sich selbst viele Hamburger nicht bewusst sind. Die Liste mag nahezu endlos sein, doch um viel wichtig-unwichtiges Hamburg-Wissen auf 14 Punkte zu stutzen:

✓ Wer Hamburg für die Schietwetter-Hauptstadt Deutschlands hält, sollte mal in die Statistik schauen! Danach stand Hamburg nämlich beispielsweise 2019 in Sachen Niederschlagsmenge erst auf Platz 8, weit hinter München, Saarbrücken und Essen.

✓ Dass Flachlandtiroler wie die Hamburger gut auf der Skipiste sind, würde man eher weniger vermuten – und doch sollen 15 Prozent der Hamburger begeisterte Skifahrer sein und liegen damit vor allen anderen Bundesländern.

✓ Wer in Hamburg kostenloses Beine-Po-Training absolvieren möchte, sollte in den Stadtteil Blankenese fahren. Das weist nämlich mit rund 5000 Treppenstufen etwa drei Mal so viele auf wie das Empire State Building und gilt als eines der weltweit treppenreichsten Viertel.

✓ Welche Stadt hat die meisten Brücken? Venedig? Amsterdam? Falsch, Hamburg! Um die 2500 sollen es sein, teils natürlich auch ganz kleine über die vielen Kanäle oder Fleete, aber Brücke ist Brücke – und damit darf sich Hamburg stolz die „brückenreichste Stadt Europas" nennen.

✓ Vom Stadtteil Hamburg-Altona haben die meisten schon mal gehört, viele kommen dort sogar per Zug an. Doch woher stammt der Name? Im 16. Jahrhundert soll sich auf Altonaer Boden ein Fischerdorf befunden haben, wo ein Fischer in einer Kneipe Rotbier braute – wofür er in der Stadt Hamburg Steuern hätte zahlen müssen. Dies bedeutete für die Hamburger Kneipenbetreiber ernsthafte Konkurrenz, denn das Bier war, wie man auf Platt sagte, „all to nah", also „allzu nah". Der Rest erklärt sich von selbst.

✓ Die Bayern mögen das Oktoberfest haben, aber die Hamburger haben den Dom – eine große Kirmes beziehungsweise ein Volksfest, das sogar drei Mal jährlich von März bis April, Juli bis August und November bis Dezember auf dem Heiligengeistfeld in St. Pauli steigt.

✓ Hamburg darf Deutschlands größte Turmuhr ihr Eigen nennen – und die gehört zum berühmten Michel. Das Zifferblatt hat einen Umfang von 24 Metern, während der große Zeiger stolze 4,91 und der kleine 3,60 Meter lang ist. Wer hochschaut, sollte hoffen, dass die Zeiger nicht irgendwann abfallen, denn sie wiegen jeweils 130 Kilogramm.

✓ Auch die angeblich älteste Polizeiwache der Welt von 1840 und das wohl kleinste Polizeirevier Europas, die Davidwache, steht in Hamburg – natürlich an der Reeperbahn, wo Blau- und Rotlicht öfters mal miteinander verlaufen.

✓ Wer in Hamburg Grünblick statt Beton- und Asphaltblick braucht, hat gute Chancen: Die City soll nämlich mit satten 16 Prozent die größten Grünflächen von Deutschlands Städten haben, dazu kommen weitere acht Prozent Wasser. So lässt es sich auch inmitten der Stadt durchatmen.

✓ Beim Bummel durch Hamburgs Straßen lohnt es sich, mal auf die Namen zu achten, denn vielerorts waren ganz kreative Köpfe am Werk: Da gibt es die Rutschbahn und das Schulterblatt, den Ellenbogen und den Duschweg, aber auch einen Privatweg, der keiner ist, und sogar einen Rumpelstilzchenweg.

✓ In Hamburg gibt es mehr Reiche oder sogenannte Einkommensmillionäre mit über 500.000 Euro im Jahr als in anderen Städten. Für die Partnersuche heißt es also, sich die schönste Villa in Traumlage herauszupicken und darauf zu warten, dass einem der jeweilige Millionär oder die Millionärin ganz zufällig in die Arme läuft.

✓ Frisches und regionales Obst ist auf Hamburgs Märkten ganzjährig zu finden – dank dem Alten Land südlich der Elbe, das offiziell größte zusammenhängende Obstanbaugebiet Europas.

✓ Der berühmte Jungfernstieg gilt als erste Straße, die in Deutschland mit Asphalt belegt wurde – und zwar 1838.

✓ Hamburg hat eine Straße, durch die Frauen nicht gehen dürfen, doch die ist zum Glück nur 60 Meter lang: die Herbertstraße. Wie in Amsterdam ist dort Fenster-Shoppen von äußerst leichtbekleideten Damen angesagt.

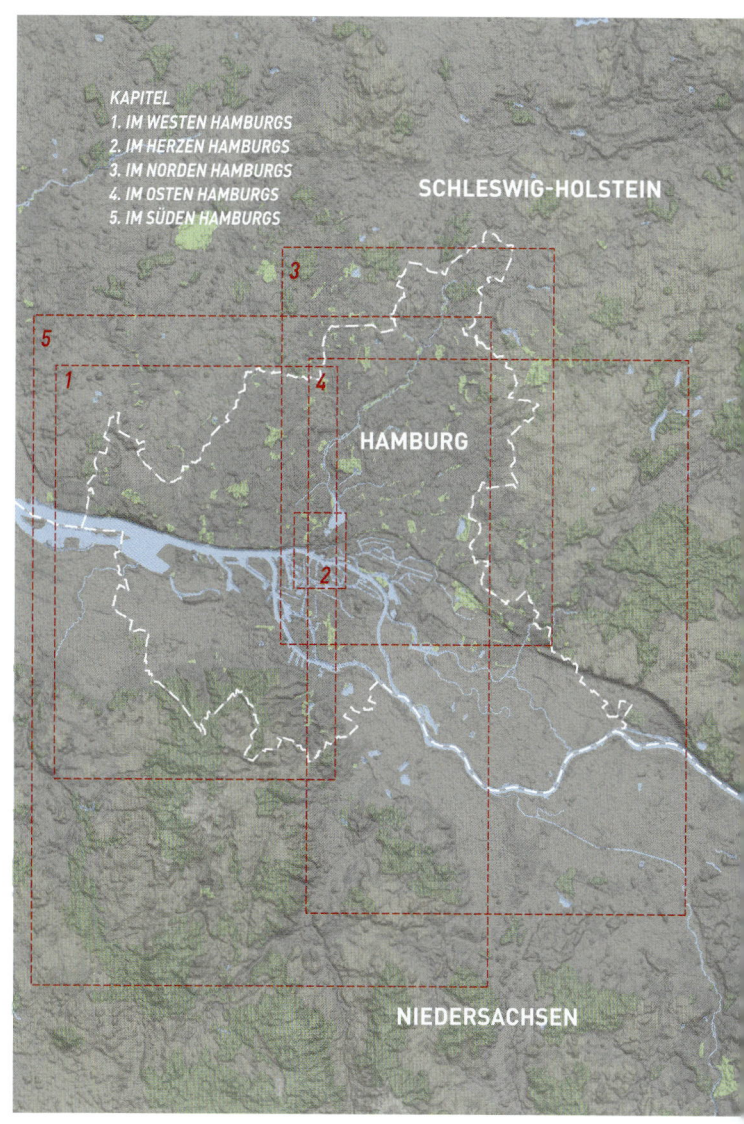

Am Elbufer unweit von Blankenese

Im Westen Hamburgs

1. Willkomm-Höft in Wedel: das Tor zu Hamburg
2. Spaziergang mit Weit- und Rückblick an der Elbe in Blankenese
3. Altonaer Volkspark: grüne Oase inmitten der Stadt
4. Bargheer Museum im Jenischpark
5. Café Schmidt & Schmidtchen: eine Hamburger Kaffee-Institution
6. FrauenFreiluftGalerie: Frauenpower in Bildern

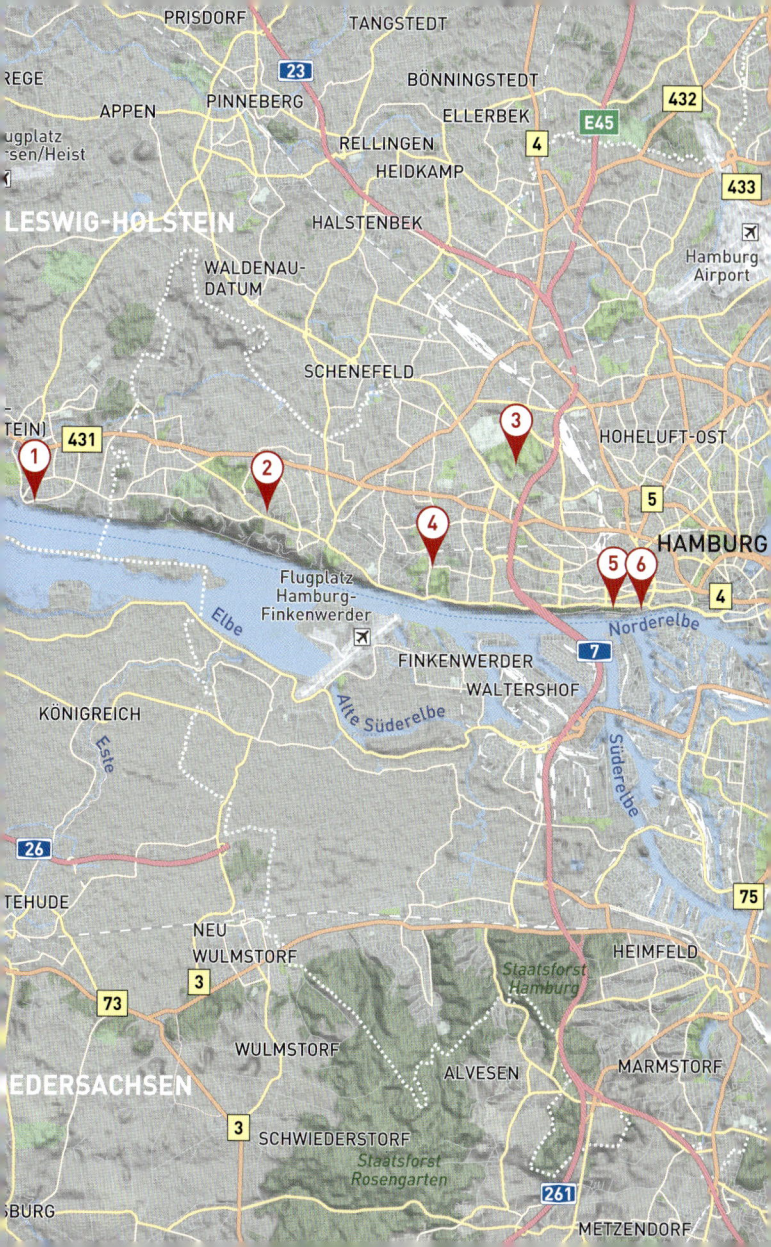

1 Willkomm-Höft in Wedel

DAS TOR ZU HAMBURG

Fährt ein Schiff von der Nordsee in Richtung Hamburger Hafen, passiert es kurz vorm Einlaufen in die Stadt das „Tor zu Hamburg", das etwa 20 Kilometer vor dem Stadtzentrum liegt, elbabwärts bei der Stadt Wedel auf schleswig-holsteinischem Gebiet. Dies ist das Willkomm-Höft, eine Schiffsbegrüßungsanlage, die schon 1952 vom damaligen Wirt Otto F. Behnke der Gaststätte Schulauer Fährhaus eingerichtet wurde. Die offizielle Einweihung des Willkomm-Höft erfolgte am 12. Juni 1952 durch den Weltumsegler und Polarforscher Carl Kircheiß. Dabei hat der Ausdruck „Höft" nichts zu tun mit Gehöft, sondern stammt aus dem Niederdeutschen und bedeutet Landspitze oder -zunge.

Ein Geheimtipp ist die Schiffsbegrüßungsanlage in Wedel, westlich von Hamburg und direkt an der Elbe, längst nicht mehr. Und doch verdient sie den ersten Abschnitt dieses Buches, denn wenn Hamburg als „Tor zur Welt" gilt, dann ist das sogenannte Willkomm-Höft fraglos das Tor zu Hamburg.

Erreicht man das vor der Gaststätte am Ufer gelegene Willkomm-Höft, macht sich erst einmal Enttäuschung breit: Ohne die gute Beschilderung sähe die Stelle aus wie eine ganz normale Schiffsanlegestelle, als welche sie die Personenfähren auch nutzen. Besonders macht den Punkt allerdings eines – das beeindruckende Ritual, das dort stattfindet, sobald ein Großschiff mit mindestens 1000 BRZ (Bruttoraumzahl) den Ponton passiert. Symbolisch dafür

IM WESTEN HAMBURGS

Fähranleger des Willkomm-Höfts

ist der 40 Meter hohe, kreuzförmige Mast zwischen Anleger und Gaststätte, an dem neben den Flaggen Hamburgs, Deutschlands und Schleswig-Holsteins oftmals auch die internationale Signalflagge mit den Lettern U und W für „Gute Reise" weht. Während man nun am Ufer oder auf der Terrasse der Gaststätte sitzt, bietet sich eher früher als später ein weltweit angeblich einmaliges Spektakel: Fährt ein Großschiff ein oder aus, wird die Hamburger Fahne gesenkt und die Signalflagge „UW" erhebt sich. Dazu ertönt aus mehreren Lautsprechern die Nationalhymne des Landes, unter dessen Flagge das Schiff unterwegs ist, und ihm wird in der entsprechenden Landessprache ein Willkommens- oder Abschiedsgruß hinübergesandt. Bei kleineren Frachtschiffen erfolgt dieselbe Zeremonie, allerdings ohne Hymne und Gruß.

IM WESTEN HAMBURGS

Passagiere kommen am Willkomm-Höft an.

Aufgrund ihrer Nähe zur Elbe wurde die Anlage 1962 und 1976 durch Sturmfluten schwer beschädigt, jedoch sofort wiederaufgebaut und der Ponton 2012 erweitert. Das Willkomm-Höft ist inzwischen so bekannt, dass es sogar in internationale Seekarten aufgenommen wurde. Manchem Besucher läuft ein Schauer über den Rücken, wenn ein Schiff mit tönendem Signalhorn die erhaltenen Grüße erwidert.

Was viele Besucher nicht ahnen: Das Betreiben des Willkommenspunktes ist mit beträchtlichem Aufwand verbunden, denn hinter den Lautsprecheransagen stehen sogenannte Live-Begrüßungskapitäne. Die sind nicht nur für die fremdsprachigen Grüße zuständig, sondern auch für die Informationen zu den ein- oder auslaufenden Schiffen, die sie sich

Schiffsbegrüßung am Schulauer Fährhaus

über tägliche Hafenberichte oder den Schiffsmeldedienst beschaffen. Denn innerhalb von 24 Stunden kommen locker an die 50 Großschiffe vorbei, die nicht nach festen Fahrplänen verkehren. So ist es möglich, dass ein Besucher die Gaststätte nach eingenommener Mahlzeit enttäuscht verlässt, ohne ein einziges Großschiff gesehen zu haben. Aber wer ein echter Ship-Spotter ist, der wird noch ein bisschen mit Notizblock, Fernglas und Kamera am Ufer verweilen und sich möglicherweise mit einem Fischbrötchen von der alteingesessenen Fischbude am Willkomm-Höft neben der Gaststätte bei Laune halten. Und so hat letztlich jeder etwas von dem einmaligen Elb-Spot, der nicht nur der Bespaßung von Besuchern und Seeleuten dient, sondern auch als kleine Geste hamburgischer Herzlichkeit und Offenheit der Welt gegenüber verstanden werden kann.

Lage:
Schulauer Fährhaus:
Willkomm-Höft, Parnaßstraße 29,
22880 Wedel, Tel.: 04103 920 015

Anreise mit dem ÖPNV: Mit der S1 ab Hamburg Hauptbahnhof bis Blankenese und von dort mit Bus 189 in Richtung S-Bahn Wedel bis zur Haltestelle Wedel, Elbstraße (Willkomm-Höft).

Öffnungszeiten: täglich 11:30 bis 22 Uhr, sonntags schon ab 9:30 Uhr. Das Gasthaus ist Restaurant, Café und Biergarten in einem und wartet mit einer großen Terrasse auf, von wo sich die Schiffe wunderbar beobachten lassen.

Website: *schulauer-faehrhaus.de/willkomm-hoeft-schiffsbegrusungsanlage*

HINWEISE:
- Wer sich für die Ein- und Auslaufzeiten großer Kreuzfahrtschiffe interessiert, findet dazu einen gesonderten Zeitplan: *schulauer-faehrhaus.de/ein-und-auslaufzeiten-der-kreuzfahrer*
- Neben dem gastronomischen Angebot am Willkomm-Höft eignet sich die Stelle auch als Ausgangspunkt für schöne Spaziergänge entlang der Elbe oder für Entspannung am Strand, denn der Schulauer Strand befindet sich gleich nebenan.

2 Spaziergang mit Weit- und Rückblick

AN DER ELBE IN BLANKENESE

In Hamburgs westlichstem Stadtteil an der Elbe sind es nicht nur die Villen und vielen Treppen, für die das Viertel bekannt ist, die beeindrucken. Es sind auch ein paar zunächst unscheinbare Steine, die Spaziergänger zum Staunen bringen: der Bismarckstein und das Denkmal der Schwedenspeisung.

IM WESTEN HAMBURGS

Fast jeder, der den Namen Bismarckstein hört, erwartet ein Denkmal für den ersten Reichskanzler des Deutschen Reiches. Dabei hat der mysteriöse Stein in Blankenese eigentlich gar nichts mit Bismarck zu tun! Vielmehr symbolisiert er ein Naturerlebnis und den idealen Spot für Romantiker: Er befindet sich nämlich in einem kleinen Park auf dem Waseberg, dem mit 88,4 Metern immerhin dritthöchsten Berg Hamburgs. Vom Blankeneser Strandweg oder mit dem Bus geht es zum Park hinauf, kenntlich gemacht durch eine schon etwas verwitterte Felsmarkierung.

Bismarckstein auf dem Waseberg

Die für Hamburger Verhältnisse beachtliche Steigung von zehn Prozent auf 70 Höhenmeter dient mittlerweile sogar bei Radrennen als Herausforderung für die Teilnehmer! Dann steht man oben, auf einem winzigen Plateau mit Rasenfläche, Bänken und einer Tafel. Doch was hat es mit dem Bismarckstein auf sich? Im Jahr 1890 entschloss sich der Kaufmann Anton Julius Richter, Mitbegründer der Holstenbrauerei und leidenschaftlicher Bismarckverehrer, das Gelände auf dem Waseberg zu erwerben und dort ein imposantes Bismarckdenkmal zu erbauen. Dazu kam es jedoch nie. An seiner Stelle kaufte 1910 die Gemeinde Blankenese das gesamte Waldstück und verwandelte es zum ersten öffentlichen Gemeindepark mit einem Highlight: dem noch heute beliebten Aussichts- und Fotopunkt.

Der 1863 errichtete Aussichtsturm aus Ziegelsteinen wurde zwar von der Natur zurückerobert, aber der Blick reicht auch ohne Turm weit über die Elbe mit der Insel Neßsand mit Schweinesand und bei gutem Wetter bis ins Alte Land. Da könnte man glatt vergessen, auch noch einen Blick auf das Ehrendenkmal

Auf dem Waseberg

von 1935 zum Gedenken an Marinegefallene aus dem Ersten Weltkrieg zu werfen: „Was auch die See verschlang, die Zeit verschlang das Weh, ewig bleibt die See", besagt das Zitat von Hans Leib.

Läuft man vom Bismarckstein zurück ans traumhaft schöne Blankeneser Elbufer und weiter in Richtung City, erwartet den Spaziergänger etwa in Höhe des Jollenhafens Mühlenberg eine weitere Überraschung: In einem Parkstreifen thront ein mannshoher Stein, der aus der Ferne aussieht wie ein Grabstein. In der Tat handelt es sich laut Inschrift um einen Gedenkstein: „Dank dem schwedischen Volk für Brot in der Not, 1946 – 1950, Blankeneser Bürgerverein", darunter dasselbe in schwedischer Übersetzung. Recherchen zu dieser unverhofften Erinnerung an die Nachkriegszeit ergeben, dass der Stein 1966 aufgestellt wurde. Er gedenkt der sogenannten Schwedenspeisung durch das Schwedische Rote

Gedenkstein zur Schwedenspeisung

Kreuz unter Führung von Graf Bernadotte, wovon in den Nachkriegswintern schätzungsweise 40.000 bedürftige Hamburger Kleinkinder zwischen drei und sechs Jahren profitierten. Sie erhielten täglich Suppe, Brot und ab 1947 auch Lebertran sowie wenn nötig warme Kleidung oder Schuhe. Diese selbstlose Hilfe durch das im Krieg neutrale Schweden war zunächst kostenlos, erst später von einem geringen Entgelt abhängig.

Es ist eine schöne Geste der Blankeneser Bürgerschaft, gerade an einer Stelle, wo vieles vom Hamburger Wohlstand zeugt und die Menschen Zerstreuung suchen, an die Zeit zu erinnern, als Hamburg in Trümmern lag, Notstandsgebiet war und uneigennützige Hilfe zum Überleben benötigte und auch bekam.

Lage:
- Bismarckstein: im Stadtteil Blankenese auf dem Waseberg
- Gedenkstein Schwedenspeisung: beim Jollenhafen Mühlenberg am Blankeneser Elbufer

Anreise mit dem ÖPNV: Bismarckstein: Mit der S1 ab Hamburg Hauptbahnhof bis Blankenese und von dort mit Bus 488 bis Waseberg. Von dort sind es nur noch 200 Meter zu Fuß bis zum Park. Ab dem Aussichtspunkt kann man einen schönen Spaziergang von gut zwei Kilometern entlang des Elbufers (in Richtung Hamburg City) bis zum Gedenkstein an die Schwedenspeisung unternehmen und von dort in etwa 20 Minuten (1,6 Kilometer) zurück zum S-Bahnhof Blankenese laufen.

Aktivitäten: Neben Spaziergängen eignen sich der Waseberg und das Blankeneser Elbufer wunderbar zum Joggen oder Fahrradfahren. Wer das berühmte Treppenviertel in Blankenese noch nicht kennt, kann auch einen Abstecher dorthin unternehmen.

3 Altonaer Volkspark

GRÜNE OASE INMITTEN DER STADT

Mit etwa 205 Hektar ist der Altonaer Volkspark im Stadtteil Bahrenfeld Hamburgs größter öffentlicher Park, und doch ist er im Gegensatz zum Stadtpark nicht überlaufen und bietet ein echtes Wald- und Naturerlebnis inmitten des urbanen Treibens. Seinen denkmalgeschützten Kern sowie versteckte Einkehrmöglichkeiten entdeckt oft nur, wer zufällig darüber stolpert.

IM WESTEN HAMBURGS

Freilichtbühne im Volkspark

Biegt man einige Hundert Meter hinter dem S-Bahnhof Stellingen und südlich des Volksparkstadions in den Wald ein, heißt es tief durchatmen und allen Trubel zurücklassen – wenn hoch aufragende Laubbäume die Geräusche von Motoren, Sirenen und Stimmengewirr verschlucken und stattdessen nur noch Vogelgezwitscher und das sachte Knacken von Ästen unter den Füßen vernehmbar sind; wenn im Schatten der Baumkronen an heißen Sommertagen die Luft ein paar Grad kühler wird und der Duft nach Wald in die Lunge strömt. Mit viel Glück lassen sich sogar ein Habicht, Waldkauz oder Grünspecht beobachten, die neben weiteren Vögeln im Volkspark brüten. Eine ganz besondere Rarität ist der Baumfalke.

Mitten im Wald verbirgt sich der sogenannte Tutenberg, ein geometrisch angelegter, runder Hügel umgeben von Hecken, zu dessen Steinkreis beziehungsweise Freilichtbühne an der Spitze mehrere Treppen hochführen. Von dort bietet sich ein schöner Blick über den umgebenden Wald. Manch einer behauptet sogar, es handle sich um einen magischen Kreis, in dem man sich etwas wünschen dürfe!

Dahliengarten im Volkspark

Die Wege im Park sind so verwinkelt und vielseitig wie die ständig wechselnden Szenen, und am besten lernt man ihn kennen, indem man die vielen Wegschilder ignoriert und sich treiben lässt. So stößt man früher oder später auf das Fachwerkhaus-Restaurant Das Bauernhaus, das hausgemachte Speisen und Kuchen anbietet und in dessen großem Garten am Wochenende Familien aus der City brunchen. Oder einige Hundert Meter weiter auf einen knallrot gestrichenen Biergarten im Schatten der Bäume, direkt am großen Grillplatz vor der Bahrenfelder Trabrennbahn. Klempau's Paulaner Biergarten ist selbst an heißen Sommerabenden selten überfüllt, und wer sein Picknick mitgebracht hat oder grillen möchte, kann sich vom Biergarten die kühlen Drinks mit auf die Wiese nehmen.

Der Volkspark ist ein Ort, an dem man den Einwohnern beim Sporttreiben zuschauen kann, wo beim Lesen auf einer Bank die Hektik des Alltags ganz weit weg scheint und wo man sich doch mitten in Hamburg befindet. Und nicht nur das! Wer mehr braucht als ein kühles Bier oder Stille, um sich zu entspannen, unternimmt einen Abstecher in die Schul-, Schau- und Rosengärten mit je nach Jahreszeit bunt blühenden Blumen sowie einem winzigen Tempel. Im Dahliengarten sollen sich sogar an die 40.000 Pflanzen versammeln. Mit der Planung des Parks begann man bereits 1913, jedoch verzögerten sich die eigentlichen Arbeiten durch den Ersten Weltkrieg. Trotzdem ist der Altonaer Volkspark eine der ersten Grünanlagen seiner Art, die auf Hamburger Boden entstand. Kein Wunder also, dass der Kernbereich des 1920 eröffneten Parks im Jahr 2002 unter Denkmalschutz gestellt wurde.

Info

Lage: im Stadtteil Bahrenfeld, zwischen der A7, S-Bahnhof Stellingen und Luruper Chaussee. Im Norden des Parks befinden sich die Barclaycard Arena sowie das Volksparkstadion, wo man Spielen des HSV und anderer Mannschaften live beiwohnen kann.

Aktivitäten: Der Volkspark ist ideal für Waldspaziergänge, zum Joggen oder für Sport im Freien (auf der großen Spielwiese beziehungsweise auf dem Grillplatz sind eine Klimmzugstange sowie weitere Möglichkeiten zum Training vorhanden). Für Kinder gibt es den Waldspielplatz sowie einen weiteren Spielplatz gegenüber dem Biergarten. Blumenliebhaber kommen im Rosen- oder Dahliengarten auf ihre Kosten, während sich die große Spielwiese im Sommer zum Grillen und Picknicken oder Sonnenbaden großer Beliebtheit erfreut.

Restaurants:
- Das Bauernhaus: Mai bis Oktober täglich von 11 bis 18 Uhr geöffnet; Nansenstraße 82, 22525 Hamburg, Tel.: 040 520 14 334, *dasbauernhaus.de*
- Klempau's Paulaner Biergarten: in der Sommersaison täglich von 12 bis 22 Uhr geöffnet, außer an Regentagen; August-Kirch-Straße 55, 22525 Hamburg, Tel.: 0173 7949921, *klempausbiergarten.de*

4 Bargheer Museum

IM JENISCHPARK

Licht und Landschaften, ein Leben zwischen Hamburg und Italien, aber auch Zurückhaltung und Einfachheit – all dies drücken die über 100 Gemälde und weiteren Werke des Hamburger Künstlers Eduard Bargheer aus. Zu bewundern sind sie in einem kleinen Museum im hübschen Jenischpark an der Elbe.

IM WESTEN HAMBURGS

Schon die Örtlichkeit des Bargheer Museums könnte einem Bild des Künstlers entsprungen sein: im denkmalgeschützten, ehemaligen Gartenbauamt des malerischen Jenischparks, bevor er zur Elbe abfällt. Der Park beherbergt auch das ebenfalls sehenswerte Ernst Barlach Haus und das Jenisch

Bargheer-Museum

Haus. Das Bargheer Museum eröffnete erst 2017, in erster Linie, um dem Nachlass des Malers und Grafikers Eduard Bargheer eine Heimat zu geben und die Werke eines der bedeutendsten Hamburger Künstler des 20. Jahrhunderts der Öffentlichkeit zugänglich zu machen. Die dauerhaften und temporären Ausstellungen verteilen sich auf einer Gesamtfläche von 500 Quadratmetern über zwei Stockwerke.

Bargheer wurde 1901 auf der Hamburger Elbinsel Finkenwerder geboren und verstarb 1979 zurückgezogen in seinem reetgedeckten Fischerhaus in Blankenese. In jungen Jahren schloss er sich der sogenannten Hamburger Sezession an, einer 1919 gegründeten Künstlervereinigung mit dem Ziel, die Arbeitsumstände bildender Hamburger Künstler zu verbessern. Voraussetzung: Die Mitglieder sollten ein hohes künstlerisches Niveau verfolgen und sich an modernen Stilrichtungen orientieren. Bargheer selbst fühlte sich zunächst dem Expressionismus verbunden, folgte dann dem Stil Edvard Munchs und wandte sich im Laufe der Zeit zunehmend neuen Formen zu: Bald stellte er Raum nicht mehr gegenständlich dar, sondern setzte auf das Zusammenwirken von Licht, Form und Farbe, was in dem hellen Museum mit Parkblick besonders gut zum Ausdruck kommt.

Bargheers Lebenswerk lässt aber auch eine starke Prägung durch Zeitumstände und seine Umwelt erkennen. Den Eingriffen und Beschränkungen des Naziregimes beispielsweise entzog er sich durch Emigration. Er ging nach Florenz und weiter

„Sport" von Eduard Bergheer, 1962

nach Forio auf Ischia, das bald auch in seinen Werken Einzug erhielt. Wie der Künstler sagte: „Der Pulsschlag jeder Zeit kehrt wieder in ihrer Kunst." Er blieb seiner Wahlheimat Italien auch nach dem Krieg treu und pendelte lange Zeit zwischen Ischia und Hamburg. Die Verbundenheit sowohl mit der norddeutschen Landschaft als auch dem Mittelmeerraum drückt sich besonders in seinem Alterswerk aus, etwa in Bildern von Florenz und über Reisen durch nordafrikanische Länder wie Tunesien, Marokko und Ägypten.

Der Künstler ist mit seinen Werken in vielen Sammlungen der klassischen Moderne vertreten. Von ihm existieren aber auch große Auftragswerke für öffentliche Einrichtungen in Form von Glasmosaiken, Wandmalereien und baugebundenen Kunstwerken in Hamburg, Hannover und Forio auf Ischia, zu deren Ehrenbürger er ernannt wurde. Zum in themenbezogenen Räumen ausgestellten Nachlass Bargheers gehören etwa 200 Ölbilder, 1000 Aquarelle sowie 400 Grafiken und Zeichnungen. So, wie in den Werken Verbindungen zur jeweiligen Zeit, in der Bargheer lebte, erkennbar sind, so werden diese auch in den Ausstellungen sichtbar, ganz nach dem Grundsatz des Museums „Ein Künstlerleben im 20. Jahrhundert". Und: Für Motivierte gibt es eigene Kunstkurse oder Workshops!

IM WESTEN HAMBURGS

Lage:
Eduard Bargheer Museum:
Hochrad 75, 22605 Hamburg,
Tel.: 040 8980 7097

Anreise mit dem ÖPNV: Ab Hamburg Hauptbahnhof mit der S1 Richtung Wedel bis Bahnhof Klein Flottbek. Von dort sind es noch 700 Meter zu Fuß bis zum Museum. Alternativ mit der S1 bis Bahnhof Othmarschen und von dort weiter mit Bus 286 in Richtung Falkenstein bis zur Station Marxsenweg. Diese liegt direkt am Museum.

Öffnungszeiten: Dienstag bis Donnerstag von 11 bis 18 Uhr, Montag geschlossen

Eintritt: Erwachsene 7 EUR, ermäßigt 5 EUR, Familien (2 Erwachsene, 2 Kinder) 10 EUR

Website: *bargheer-museum.de*; die Website informiert, welche wechselnden Ausstellungen es gibt und zum Beispiel auch, ob Veranstaltungen wie Vorlesungen oder Konzerte stattfinden. Dasselbe gilt für Daten des Zeichenkurses im Kreativ-Studio.

5 Café Schmidt & Schmidtchen

EINE HAMBURGER KAFFEE-INSTITUTION

Über Hamburg verteilt finden sich viele kleine Cafés mit dem Namen „Schmidtchen" – deren Mutter-Café Schmidt unweit des Fischmarktes in Altona steht. Es ist ein Lieblingsort vieler Hamburger, denn zur hauseigenen Kaffeemarke gibt es köstliche Torten und Törtchen zwischen Elbe und Fischrestaurants.

IM WESTEN HAMBURGS

Cafés gibt es in Hamburg natürlich wie Sand am Elbstrand, aber einige davon gehören zu den absoluten Favoriten vieler Hamburger – darunter manches Schmidtchen, vor allem aber das Café Schmidt an der Großen Elbstraße, das sich selbst als „Herz und Heimat" der Hamburger Café-Kette bezeichnet. Wer vom Fischmarkt in Richtung Westen spaziert oder beim Elbspaziergang plötzlich Kaffeedurst verspürt, dem fällt es zunächst zwischen den vielen, mit frischem Fisch und den saftigsten Fischbrötchen werbenden Restaurants gar nicht auf: das kleine weiße Café-Schild mit blauer Schrift an einem der Backsteingebäude des Hafens mit Bänken und Tischen, die zwischen den Parkflächen verteilt stehen. Doch eines lädt gerade an Wochenenden zum näheren Hinschauen ein – meist ist es dort rappelvoll.

Café Schmidt an der Großen Elbstraße

Große Kuchenauswahl im Café Schmidt

Hinter der natürlich der Sonnenseite zugewandten Sitzfläche im Freien befindet sich die fast unscheinbare, gläserne Backstube, in der sich Kaffee- und Kuchenliebhaber bei schlech-

IM WESTEN HAMBURGS

Latte Macchiato mit Cookie geht immer.

Hauseigener Kaffee und weitere Leckereien zum Mitnehmen

tem Wetter tummeln, bis die Scheiben beschlagen.

Dabei stammt die Schmidt- und Schmidtchen-Idee von einem Mann aus Ostdeutschland, der als Schauspieler begann – Falk Hocquél. Bevor er das erste Café eröffnete, widmete er sich jedoch Kneipen und verwandelte sie in Szene-Lokale. Und seine Cafés stehen nicht etwa irgendwo, sondern nur an besonderen Orten: „Wir wollen bewusst keine normale Bäckerei-Kette sein, sondern sind nur in Objekten, die auch in Reiseführern stehen könnten und einen individuellen Touch haben", verriet er in einem Interview mit der Hamburger Morgenpost. Doch es geht nicht allein um den Standort, sondern auch um Qualität: Frühstück gibt es hausgemacht sowohl vegan als auch wurst- und käselastig, süß oder herzhaft, mit oder ohne Sekt. Zum Lunch hat man eine Auswahl an frischen Suppen, Salaten, Quiche oder Ofenkartoffeln, und wie bei jeder Bäckerei darf natürlich eines nicht fehlen: richtig gutes Brot und in Hamburg natürlich Franzbrötchen! Mal ganz zu schweigen von einem der leckersten Käsekuchen Hamburgs und Törtchen wie dem Ida-Wölkchen, wozu man die hauseigene Kaffeemarke „Waterkant" kostet.

Im Café Schmidt schmeckt der Kuchen- und Tortenliebhaber, dass Hocquél nicht nur plaudert, wenn er behauptet, ihm liege viel am original Bäckerei-Handwerk und daran, dass sein Bäckermeister auch Original-Zutaten verwende. Und so geschieht es, dass manch einer, der Bäckerei-Ketten sonst eher abschwört, immer wieder vorbeischaut auf ein Stück Kuchen und Latte Macchiato & Co., der zum besten der Stadt gehört. Beim nächsten Hamburg-Spaziergang die Augen aufzuhalten, lohnt sich, denn es kann gut sein, dass an einer schönen Stelle gerade ein neues Schmidtchen eröffnet hat! Das Besondere dabei: Die Speisen und Kuchen sind in allen Cafés gleich lecker, aber jedes ist ganz individuell eingerichtet und wartet mit seinem eigenen Charme auf!

Lage:
Café Schmidt: Große Elbstraße 212, 22767 Hamburg, Tel.: 040 4130 67100

Anreise mit dem ÖPNV: Ab Hamburg Hauptbahnhof mit der S3 Richtung Pinneberg bis Bahnhof Königstraße. Von dort sind es zu Fuß noch etwa 850 Meter bis zum Café. Alternativ kann man ab Hauptbahnhof die U3 in Richtung Barmbek bis Baumwall nehmen und von dort Bus 111 in Richtung Teufelsbrück bis Haltestelle Große Elbstraße. Von dort sind es nur noch 200 Meter bis zum Café.

Öffnungszeiten: täglich 8 bis 18 Uhr

Website: *schmidt-und-schmidtchen.de/unsere-cafes;* die Website informiert auch über alle weiteren Standorte der Kette in Hamburg, über deren Speiseangebot sowie die Öffnungszeiten.

6 Frauen Freiluft Galerie

FRAUENPOWER IN BILDERN

Im Hamburger Hafen arbeiten nur starke Männer? Falsch! Dass dort auch seit jeher Frauen in verschiedenen Positionen beschäftigt waren und noch immer sind und was sie geleistet haben, stellen auf etwa zwei Kilometern ausdrucksstarke Bilder entlang des Altonaer Elbufers dar.

IM WESTEN HAMBURGS

Es sind großartige Geschichten von Frauen und ihrer wertvollen Arbeit rund um den Hafen, die zahlreiche Wände an der Großen Elbstraße am Altonaer Elbufer erzählen – doch wer nichts davon weiß, könnte glatt daran vorbeimarschieren. Manche der Gemälde verbergen sich zwischen Bürogebäuden und Restaurants, andere befinden sich in Einfahrten, in die der normale Spaziergänger keinen Blick wirft. Die Idee entstand bereits 1994 und wurde unter anderem umgesetzt von der Museumswissenschaftlerin und damaligen Kuratorin der Galerie, Dr. Elisabeth von Dücker, und der Malerin Hildegund Schuster, die heute noch Führungen durch die etwa zwei Kilometer lange Freiluft-Galerie

Farbenfrohes, neueres Werk der Freiluftgalerie

anbietet. Ziel der Kunst im Freien: „Die Galerie soll ein Eye Opener über den Mythos der Männerdomäne Hafen sein", äußerte sich Kuratorin Elisabeth von Dücker damals bei einem Interview, und: „Unsere Tätigkeit ist eine, die Spuren sucht, setzt und teilt." Dabei ließen sich die Macher von mexikanischen Wandbildern inspirieren, sogenannten „murales", die während der mexikanischen Revolution zwischen 1910 und 1924 aufkamen und öffent-

lich soziale und politische Missstände anprangerten. Das Beste: Auch die Kunst von und über Frauen an der Elbe ist jeder und jedem frei zugänglich.

Wer diesen Spuren oder der „kulturellen Perlenkette", wie die Galerie gerne genannt wird, folgt, geht mithilfe der Werke von Hamburger und internationalen Künstlerinnen auf Entdeckungsreise in die Welt der hafenbezogenen Frauenarbeit. Da ist zunächst die Fischverarbeitung, darunter das blitzschnelle Filetieren, wie das Gemälde am Gebäude des Restaurants Hummer Pedersen detailgetreu vermittelt. Eine weitere bunte Hauswand, die Künstlerinnen aus Hamburg, New York und Argentinien

gestalteten, bildet Frauen bei der Ernte von Kaffee, Tabak und Bananen ab. Die nächste Malerei, auf eine winzige Fläche unter die Treppenstufen des Wohnhauses an der Großen Elbstraße 164 gepresst, beschreibt die klassische Tätigkeit der stets gebeugt arbeitenden Putzfrau. Ein weiteres Gemälde widmet sich einem Gewerbe, das nicht nur im Hamburger Hafen uralt ist: der Straßenprostitution, wobei zwei abgebildete Frauen im Minirock, eine in Farbe, die andere in Schwarz-Weiß, von Begriffen wie Kondome, Dockschwalbe, Familie und Geld flankiert werden.

Ob Metallarbeiterinnen oder Schweißerinnen, Frauen in der Hafenlogistik, echte Seefrauen oder Binnenschifferinnen, sie alle bekamen auf den Wänden der Großen Elbstraße mit den Jahren kontinuierlich eine Bühne. 2013 schlugen die Künstlerinnen zudem eine Brücke bis nach New York, indem sie das 15. Gemälde den Hafenarbeitswelten von sowohl Hamburg als auch New York mit ihrem ständigen Wandel widmeten. So steht der ganz allmähliche Aufstieg von Hafenarbeiterinnen in zuvor typische Männerpositionen im Fokus. Immerhin wurde Frauen erst 2006 der Bereich Hafenlogistik zugänglich gemacht, und 2018 gab es erstmals eine Kreuzfahrtkapitänin – eine junge Hamburgerin! Und so ist die Hoffnung groß, dass die fortschreitende Beschäftigung von Frauen in den verschiedensten Hafenjobs Künstlerinnen zu immer neuen Bildern inspiriert.

Lage: in der großen Elbstraße am Altonaer Elbufer, etwa ab Große Elbstraße 152 (am Gebäude von Hummer Pedersen befindet sich eines der ersten Gemälde von 1994). Am besten läuft man von dort weiter Richtung Westen und schaut genau hin – die Gemälde befinden sich auch an Seitenwänden oder in Hofeingängen!

Website: *frauenfreiluftgalerie.de*

Führungen: Die Künstlerin Hildegund Schuster, die an einigen Bildern mitgewirkt hat, bietet nach Absprache Führungen mit viel Insider- und Hintergrundwissen an: *Hildegund-Schuster@t-online.de*. Kosten für beliebig viele Personen: 160 EUR für zwei bis 2,5 Stunden und einen Rundgang von etwa zwei Kilometern. Treffpunkt je nach Tageszeit (damit man nicht von der Sonne geblendet wird): Seemannsmission, Große Elbstraße 132, oder an der Straße Neumühlen – dies ist vorab per E-Mail abzumachen.

Im Herzen Hamburgs

Abendstimmung in der Speicherstadt

Im Herzen Hamburgs

7. Spaziergang auf den Spuren der Beatles
8. Von Harrys Hafenbasar zur Übernachtung im Hafenkran
9. Exotik für die Sinne im Spicy's Gewürzmuseum
10. Hamburgs Flussschifferkirche: Gottesdienst auf dem Boot
11. Das verborgene Bischofsturm-Café
12. Erkundungstour zwischen Peterstraße und Hummel-Denkmal
13. Komm in die Gänge! Das Überbleibsel von Hamburgs Gängeviertel
14. Teikei-Café im Karoviertel: echt fairer Kaffee
15. In guter Gesellschaft: Hamburgs erstes Zero-Waste-Café
16. Street-Art-Spaziergang im Schanzenviertel
17. Skandinavisch-amerikanisch schlemmen: Brian's Steak & Lobster

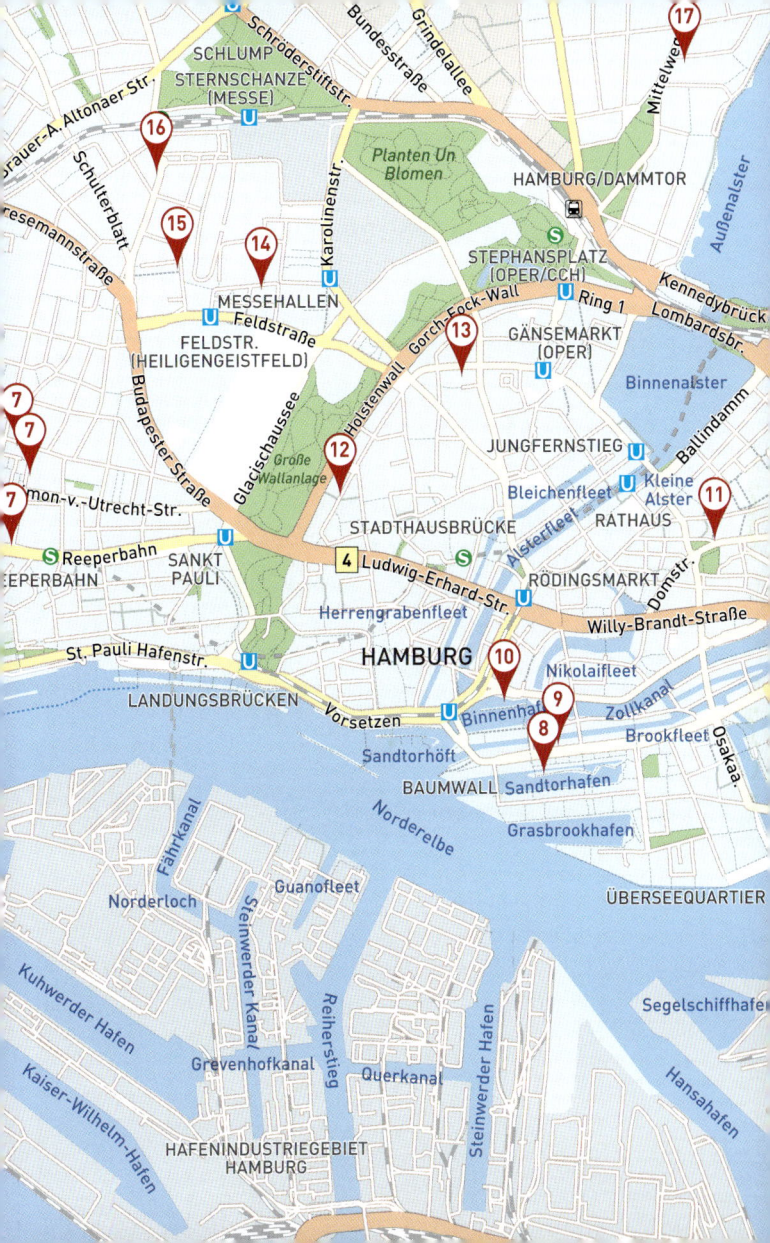

7 Spaziergang

AUF DEN SPUREN DER BEATLES

Jeder echte Beatles-Fan wird es wissen: Es war in Hamburg, wo die Karriere der noch unbekannten Jungs aus Liverpool Anfang der 1960er-Jahre startete. An diesen zunächst bescheidenen Beginn erinnern bis heute zahlreiche Clubs und Häuser unweit der Reeperbahn.

IM HERZEN HAMBURGS

Sogar John Lennon gab es zu: „Ich bin in Liverpool aufgewachsen, aber in Hamburg bin ich erwachsen geworden". Wie genau das mit den Beatles damals war, kann man anhand eines Spaziergangs unweit der Reeperbahn nachvollziehen. Die Jungs kamen angeblich auf Einladung von Unternehmer und Strip-Lokalbesitzer Bruno Koschmider nach Hamburg, der ihnen auch eine Unterkunft gab – in seinem sogenannten Bambi-Kino in der Paul-Roosen-Straße 33. Heute läuft man an dem hellblauen, unten wild bewachsenen Haus meist vorbei. Bei genauerem Hinschauen ist jedoch auf das weiße Garagentor neben Graffiti auch ein Bambi gemalt, und gleich daneben hängt in einer Vitrine ein verblichenes Bild der Beatles. Ein dunkles Schild an der Eingangstür räumt schließlich jeden Zweifel an der Beatles-Vergangenheit aus: „Hier wohnten die Beatles 1960". Dabei wäre der Begriff „Hausen" weitaus passender als „Wohnen", denn die Engländer mussten sich zwei kleine, fast unmöblierte Zimmer teilen, mit Herrentoilette und Waschraum. An erholsamen Schlaf war wohl auch nicht zu denken bei der Hintergrundbeschallung von nebenan laufenden Filmen.

Hier wohnten die Beatles beim ersten Hamburg-Trip.

Kein Wunder, dass Paul McCartney und sein damaliger Bandkollege Pete Best davon so frustriert waren, dass sie in der Bleibe ein Kondom abfackelten. Daraufhin zeigte Koschmider sie wegen Brandstiftung an und sie kamen für eine Nacht in eine Zelle der berühmten Davidwache an der Reeperbahn, der ältesten Polizeiwache weltweit und dem kleinsten Polizeirevier Deutschlands! Dennoch verdanken die Jungs Koschmider, mit dem sie eine wohl nicht immer freundschaftliche Beziehung verband, dass sie am Ende groß rauskamen, denn er ließ sie erstmals in Deutschland

IM HERZEN HAMBURGS

Im Indra traten die Beatles erstmals auf

Noch heute läuft im Indra Musik.

auftreten: am 17. August 1960 in seinem Indra-Club an der Großen Freiheit 64. Daran erinnert ein Schild am weiterhin geöffneten Club mit goldenem Tor und Gitarren- sowie Saxophon-Symbol. Jedes Bandmitglied bekam von dem Unternehmer 30 Mark pro Nacht, und zwar für vier Stunden Unterhaltung pro Abend, samstags sogar sechs! Die Gruppe sollte dem Publikum ordentlich einheizen, hatte jedoch zunächst mäßigen Erfolg, sodass zusätzlich eine Stripperin auftreten musste, um das Lokal zu füllen.

Später spielten die Beatles in weiteren Clubs rund um die Reeperbahn – unter anderem im Star Club. Weiß man nichts davon, wird man es wahrscheinlich übersehen, das kleine schwarze Schild mit goldener Inschrift in einem Torbogen an der Großen Freiheit, direkt neben Olivia Jones' berühmter Bar. Das Gebäude des nur zwischen 1962 und 1969 bestehenden Star Clubs brannte lange nach seiner Schließung ab, im Hinterhof steht nur noch der schwarze Star-Club-Stein. Doch der gibt Auskunft, wer dort alles gastierte, und das waren neben den Beatles viele weitere VIPs, darunter Jimi Hendrix und Chuck Berry.

„Star-Club"-Tafel: All diese Berühmtheiten traten dort auf.

IM HERZEN HAMBURGS

Nur wenige Hundert Meter vom ehemaligen Star Club entfernt ist der 2008 zu Ehren der Band eröffnete Beatles-Platz erreicht, passenderweise in Schallplatten-Form von 29 Metern Durchmesser. Dort stehen normalerweise Touristen Schlange, um ein Foto zu schießen mit den fünf Beatles-Skulpturen mit E-Gitarre oder Schlagzeug, die aussehen wie überdimensionale Weihnachtsplätzchen-Ausstecher. Im Gegensatz zur Wohlwillstraße 22 mit der Jägerpassage ist der Beatles-Platz jedoch längst kein Geheimtipp mehr. Im Hinterhof des unscheinbaren Backsteinbaus wurde nämlich 1961 ein Foto geschossen, das weltberühmt werden sollte: John Lennon lehnt an einem Hauseingang, Paul McCartney und Stuart Sutcliffe lassen sich davor nur schemenhaft erkennen. Es dauerte bis 1975, bis das Foto um die Welt ging – als Cover von John Lennons Platte „Rock'n Roll". Da der Hauseingang noch fast genauso aussieht, könnte man sich dort theoretisch in bester John-Lennon-Manier ablich-

Zugang zur Jäger-Passage

IM HERZEN HAMBURGS

ten lassen, doch meist ist die Passage heute geschlossen, damit eben genau dies nicht zu viele Leute tun. Trotzdem lohnt es sich, einfach mal daran vorbei zu schlendern und sich dem berühmten Spot zumindest ganz nahe zu wissen.

Auf dem Beatles-Platz wird jeder zum Beatle.

Info

Lage:
unweit von Reeperbahn und Großer Freiheit in St. Pauli

Anreise mit dem ÖPNV: Ab Hamburg Hauptbahnhof bis S Reeperbahn mit der S1 Richtung Blankenese/Wedel oder mit der S3 Richtung Pinneberg. Von dort kann man alle Spots leicht zu Fuß erreichen.

HINWEIS: Der gesamte Spaziergang umfasst etwa zwei Kilometer und eignet sich besonders gut, um einmal in die Fußspuren der noch jungen, unbekannten Beatles zu treten. Außerdem gibt es auch geführte Beatles-Spaziergänge, unter anderem buchbar unter *hamburg.de/stadtfuehrung/2776166/hempels-beatles-tour*

8 Von Harrys Hafenbasar

ZUR ÜBERNACHTUNG IM HAFENKRAN

Es war ein recht sammelwütiger Seemann, auf den Harrys Hafenbasar zurückgeht: Harry Rosenberg, im Jahr 2000 verstorben, der 1952 mit einem Geschäft in St. Pauli begann. Darin verkaufte er die verschiedensten Mitbringsel aus aller Welt, aber auch Münzen, Briefmarken und Exotika aus der ehemaligen Kneipe des beliebten Käptn Haase. Weil gerade diese Exotika besonders gut gingen, entschied der geschäftstüchtige Harry, künftig anderen Seeleuten exotische Mitbringsel abzukaufen und sie in erster Linie in Museumsform auszustellen. Besondere Aufmerksamkeit erregte er mit echten Schrumpfköpfen – kleine Köpfe, die aus der eingeschrumpften Haut toter Menschen entstehen und ursprünglich von indigenen Volksgruppen aus Südamerika stammen.

Nach dem Tod Rosenbergs und dessen Tochter nahm sich Gereon Boos, einst HNO-Arzt und vor allem großer Fan der kuriosen Sammlung, Harrys Hamburger Hafenbasar an und zog damit 2013 in den heutigen Standort, den Schwimmkran Greif in der HafenCity. Von außen würde man kaum glauben, dass der winzig erscheinende Rumpf 33 Räume und 200 Quad-

> Mitten im Hafen und doch gut versteckt finden sich gleich zwei Kuriositäten: Harrys Hafenbasar mit einer unglaublichen Ansammlung an Kuriositäten aus aller Welt. Und direkt daneben das Hafenkran-Hotel, wohl eine der außergewöhnlichsten Übernachtungsmöglichkeiten Hamburgs.

IM HERZEN HAMBURGS

Hafenkran: Unterkunft und Museum

ratmeter umfasst mit über 330.000 Einzelobjekten, die sich an Farbe, Form und Einzigartigkeit allesamt überbieten. Da hängen afrikanische Holzmasken, dort stehen Elefantenschnitzereien aus Asien, daneben norddeutsche Seemannsfiguren und Büsten, dann wieder sammeln sich Speere und weitere Waffen, gefolgt von steinernen Schildkröten und goldenen Buddhas, Marionetten und den berühmten Schrumpfköpfen. Davor sammeln sich noch heute die meisten Besucher in dem engen und düsteren, nach Holz, Schweiß und Welt riechenden Kran-Bauch. Wer genug Kleingeld – oder eher Großgeld – dabeihat, kann viele der Objekte auch käuflich erwerben, nur die mit einem roten Anhänger markierten nicht.

IM HERZEN HAMBURGS

Harrys Hafenbasar: Mix der Kulturen

Beim Verlassen des Hafenbasars nicken die meisten zustimmend, dass es sich tatsächlich um „den kuriosesten Ort der Welt" handelt, wie die Sammlung gerne bezeichnet wird. Dabei ist sie nicht

Das Highlight: echte Schrumpfköpfe

das einzig Außergewöhnliche an dieser Stelle – auch der Kran selbst fand eine besondere Verwertung und wird heute als romantische Unterkunft für zwei angepriesen. Seit 2018 übernachten Pärchen für einen stolzen Preis in der Original-Kanzel auf acht Metern Höhe mit Terrasse, von der sich der Blick auf die Elphi eröffnet. Aber

IM HERZEN HAMBURGS

nicht nur das – neben dem Bad im unteren Bereich gibt es sogar einen Kamin! Der schlichte, maritime Stil mag nicht jedermanns Vorstellung von Gemütlichkeit erfüllen, und doch ist es etwas ganz Besonderes, dort zu turteln, wo einst ein Kranführer saß und das Stahlungetüm steuerte.

Manche Sammelstücke sind käuflich.

Oder mit Hafenblick im Kran zu frühstücken, denn das Frühstück wird morgens klammheimlich bis an den Kran serviert!

Lage:
Harrys Hamburger Hafenbasar:
Sandtorhafen, Ponton Nr. 2,
20457 Hamburg

Anreise mit dem ÖPNV: Ab Hamburg Hauptbahnhof Süd mit der U3 in Richtung Barmbek bis Station Baumwall. Von dort sind es noch 500 Meter zu Fuß bis zum Hafenbasar.

Öffnungszeiten: Samstag/Sonntag 10 bis 15 Uhr und nach Absprache, Montag bis Freitag geschlossen

Eintritt: Erwachsene 5 EUR, Schüler (6 bis 12 Jahre) 3 EUR, Kinder 0 bis 5 Jahre frei, Familien 15 EUR

Website: *hafenbasar.de*

Unterkunft:
- Hafenkran: man sollte frühzeitig buchen, denn der Kran ist vor allem an Wochenenden oft ausgebucht; ab 390 EUR pro Nacht (2 Personen) an Wochentagen, 450 EUR an Wochenenden und Feiertagen; *floatel.de/hideaways/hafenkran-hamburg*

9 Exotik für die Sinne

IM SPICY'S GEWÜRZMUSEUM

Mitten in der Speicherstadt ist das Gewürzmuseum ein Highlight für alle Sinne: Bei über 900 Exponaten heißt es nicht nur Hinschauen und Schnuppern, sondern teilweise auch Anfassen und Schmecken. Dazu gibt es alles Wissen rund ums Gewürz, vom Gewürzhandel bis zur Verwendung in der modernen Küche.

IM HERZEN HAMBURGS

Zum Gewürzmuseum: immer der Nase nach

Die meisten Menschen greifen täglich wie selbstverständlich zu ihnen, um ihren Gerichten etwas mehr Geschmack zu verleihen – zu Gewürzen der verschiedensten Art. Doch was sind Gewürze eigentlich und woher kommen sie? Welche sind besonders wohltuend oder gar heilend? Darauf und auf viele weitere Fragen gibt das Spicy's Gewürzmuseum in einem ehemaligen Lagerspeicher Antwort. Kein Wunder, dass das angeblich erste Gewürzmuseum der Welt 1993 ausgerechnet in Hamburgs Speicherstadt entstand: Auch wenn Hamburg keine so große Rolle im Gewürzhandel spielte wie das einstige Babylon, Saba, Karthago oder Venedig, konnte es doch ab dem 17. Jahrhundert mit Gewürzen handeln, unter anderem auch vielen Einwanderern sei Dank.

Während süße, scharfe, fruchtige und viele weitere Düfte die Nase auf Trab halten, versuchen die Augen zu begreifen, mit welchem Aufwand Gewürze eigentlich entstehen – dass es dafür beispielsweise vor Jahrhunderten und teils noch heute Maschinen zum Sieben, Dosieren und Mischen brauchte oder braucht, aber auch nie zuvor gesehene Stampfwerke und Walzenstühle. Doch was genau kommt in all diese Werkzeuge, um ein köstliches Gewürz zu gewinnen? Zum Beispiel Samen, Knospen, Wurzeln, Beeren und Rinden, aber auch manch anderer Pflanzenbestandteil. Meist werden diese vorab nur getrocknet und dann mechanisch verarbeitet, damit das Aroma nicht verlorengeht.

IM HERZEN HAMBURGS

So geht weltweiter Gewürzhandel.

Auch mancher Herkunftsort beliebter Gewürze überrascht: Bekommt man mal wieder die Empfehlung, man solle sich „dahin scheren, wo der Pfeffer wächst", kann man relativ sicher sein, dass der Sprecher einem eine Reise nach Indien wünscht. Der dortigen Malabarküste entstammt der Pfeffer nämlich, während er erst später auch in Ländern wie Sri Lanka, Vietnam, Indonesien und Brasilien wuchs. Und wer ist die unbestrittene Königin der Gewürze? Wahrscheinlich würden nur wenige auf Vanille tippen, die aus einer Kletter-Orchideenpflanze gewonnen wird, meist auf Madagaskar oder in Mexiko. Doch ist es nicht die Gewürzkönigin, die am schwersten im Geldbeutel niederschlägt – das ist laut Infotafel nämlich der Safran! Ein Kilogramm der in Spanien und Griechenland, aber auch im Iran und Indien gewonnenen Kostbarkeit würde demnach an die 10.000 Euro kosten! Warum? Die Ernte des Krokus und anschließende Säuberung der Blüten erfolgt über mühsame Handarbeit, und ein Kilogramm des Gewürzes besteht nun mal aus 100.000 bis 150.000 Blüten.

Andererseits vermittelt das Museum, dass auch in der Welt der Gewürze nicht alles Friede, Freude und ordentlich gewürzter Eierkuchen ist: Wurden früher teilweise sogar Kämpfe und Kriege wegen der Gewürze ausgefochten, die Reichtum und Macht versprachen, haben heute wenige Unternehmen den Gewürzhandel in der Hand. Dies wiederum bedeutet große Not für kleine Gewürz-Bauern, weshalb es mittlerweile die Möglichkeit gibt, nicht nur bei Kaffee, sondern auch bei Gewürzen auf Fair-Trade-Siegel achtzugeben.

Lage:
Spicy's Gewürzmuseum:
Am Sandtorkai 34, 20457 Hamburg,
Tel.: 040 367 989

Anreise mit dem ÖPNV: Ab Hamburg Hauptbahnhof Süd mit der U3 in Richtung Barmbek bis Station Baumwall. Von dort sind es noch gut 500 Meter zu Fuß bis zum Museum.

Öffnungszeiten: Montag bis Sonntag 10 bis 17 Uhr

Eintritt: Erwachsene ab 15 Jahren 5 EUR, Kinder (4 bis 14 Jahre) 2 EUR, Familien (2 Erwachsene, 2 Kinder) 10 EUR

Website: *spicys.de*

HINWEISE:
- Das Museum verfügt über einen tollen Gewürzladen, teilweise mit hauseigenen Gewürzmischungen, wo man viele der im Museum entdeckten Gewürze erwerben kann. Alternativ lassen sich diese über den Online-Shop bestellen.
- Außerdem finden vor Ort zahlreiche Veranstaltungen statt – Auskunft darüber liefert die Website.

10 Hamburgs Flussschifferkirche

GOTTESDIENST AUF DEM BOOT

Eine Kirche auf einem Schiff, wo man nicht nur regelmäßig Gottesdienste feiert, sondern auch Taufen und Hochzeiten, das gibt es auch in Hamburg. Seit 2006 liegt die Flussschifferkirche neben Museumsschiffen und Ausflugsbooten im Binnenhafen und wäre ohne ihr auffälliges weißes Ankerkreuz leicht zu übersehen.

Die Bootskirche – erkennbar am Kreuz

„Flusi" nennen die Hamburger ihre in Deutschland einmalige Flussschifferkirche – eine evangelisch-lutherische Gemeinde, zu deren Mitgliedern vor allem Binnenschiffer mit Anhang zählen, in der aber auch jeder andere für eine Stippvisite oder zum Gottesdienst willkommen ist. Erst 2010 bekam das himmelblauweiße Schiff sein äußeres, vier Meter hohes Kreuz, das unten ankerförmig zuläuft. Steigt man in den holzvertäfelten Bauch mit gedrechselten Säulen hinab, macht sich ein gewisses Gefühl von Ankommen breit. Holzstühle füllen den Raum, darüber zeigen Glasfenster Motive aus Leben und Arbeit am Fluss. Von der Decke baumeln Segelschiffmodelle, und vor dem Altar mit Holzschnitzerei, die Jesus am See Genezareth abbildet, thront ein weiteres Ankerkreuz.

Von draußen dringen die Rufe von Ausflugsbootmitarbeitern hinein, die um Kundschaft werben, es ertönt Lachen und Geplauder von Hafen-Touristen und Spaziergängern am Elbufer. Doch je länger man in der Schiffskirche sitzt, desto mehr werden alle Laute zu unbedeutender Hintergrundmusik. Duft nach Holz und

Weihrauch vermischen sich, und unter den Füßen schwankt es ganz leicht, als wollte einen das Schiff in den Schlaf wiegen oder einem bei der Entschleunigung behilflich sein. In wohl keiner anderen Kirche liegen die Elemente Wasser, Erde in Form des nahen Ufers und Luft mit dem freien Himmel direkt darüber so nah beieinander.

Etwa 26 Meter ist das 1906 erbaute Schiff lang, sieben Meter breit und bietet 130 Sitzplätze, über dem Eingang befindet sich eine Pfeifenorgel. „Wenn die Menschen nicht zur Kirche kommen können, muss die Kirche zu den Menschen gehen" lautet das Motto des 1952 zur Kirche geweihten, ehemals auf der Weser schippernden Frachtkahns, dessen Pastoren und Diakone ehrenamtlich arbeiten. Die Idee einer mobilen Kirche geht auf das Jahr 1870 und auf Johann Hinrich Wichern zurück, der die Seelsorge für Binnenschiffer in Hamburg einführte. Dabei gab es jedoch auch schon am Anfang des 18. Jahrhunderts Kirchenleute, die

„Kirche im Fluss" vor der Speicherstadt

IM HERZEN HAMBURGS

zu den Seeleuten ausfuhren, um zu ihnen zu predigen. Als die Nachfrage nach einem echten Gottesdienst stieg, setzte man am Ende einen sogenannten Seemannspastor ein und 1747 sogar die erste „schwimmende Kirche". Auch heute fährt noch zwei Mal pro Woche eine Barkasse mit dem passenden Namen Johann Hinrich Wichern zu den Binnenschiffern und hat dabei nicht nur die Bibel an Bord, sondern auch Leckereien wie Schokolade oder Obst.

Feststeht, dass keine andere Kirche Hamburgs so anschaulich Ankunft und Abfahren symbolisiert, das Werfen und Lichten des Ankers. Oder, wie es der seit 2020 für die Flussschifferkirche tätige Diakon Mark Möller zusammenfasst: „Wir stehen für Kirche im Fluss und sind doch fest verankert."

Lage:
Flussschifferkirche:
Hohe Brücke 2, 20459 Hamburg,
Tel.: 040 783 688

Anreise mit dem ÖPNV: Ab Hamburg Hauptbahnhof Süd mit der U3 in Richtung Barmbek bis Station Baumwall. Von dort sind es nur noch drei Minuten zu Fuß bis zur Flussschifferkirche.

Gottesdienst: jeden Sonntag um 15 Uhr, teils mit Themenschwerpunkt, wobei der vierte Sonntag im Monat meist auf Plattdeutsch stattfindet.

Website: *flussschifferkirche.de/home.html*

HINWEIS: Möchte man unter der Woche nur mal einen Blick in die Kirche werfen, lohnt es sich, vorher anzurufen oder eine E-Mail zu schreiben, um zu erfahren, wann das Büro vor Ort besetzt sein wird – und folglich auch die Kirche offensteht. Ansonsten ist sie nicht ständig für Besucher geöffnet!

11 Das verborgene Bischofsturm-Café

Eines ist sicher: Zu Franzbrötchen und Latte Macchiato gibt es wohl nirgendwo sonst eine Portion Frühgeschichte zum Anschauen und Anfassen gratis dazu. Wer allerdings nichts davon weiß, wird das Bodendenkmal schwer finden. Die meisten Leute kaufen in der Filiale von Dat Backhus am Speersort, unweit der Hauptkirche Sankt Petri, lediglich ihre Brötchen – in den Keller verirrt sich meist nur, wer das Schild draußen „oben Brot, unten Turm" richtig zu interpretieren versteht oder im Untergeschoss korrekterweise eine Toilette vermutet. Doch steigt man die Treppen einmal hinab, ist jedes noch so dringende Bedürfnis schnell vergessen: Da erstrecken sich helle Steinbrocken und Findlinge eines offensichtlich uralten Steingebäudes vor einem! Wie die Infotafeln rundherum beschreiben, handelt es sich um nichts Geringeres als die Fundamente eines ringförmig angelegten, sogenannten Bischofsturms, der aus dem 12. Jahrhundert stammen soll und damit das älteste Steingebäude der Hamburger Altstadt darstellt. Im Inneren sitzen seit 2012 Café-Besucher – in einem der herausragendsten archäologischen Baudenkmäler der Stadt!

Kaffee und Kuchen inmitten von Ruinen aus der Frühgeschichte, und das auch noch ganz legal, wo gibt es denn sowas? Beispielsweise in der Hamburger Innenstadt, unweit der zum Shoppen beliebten Mönckebergstraße – allerdings gut versteckt im Keller einer Bäckereifiliale von Dat Backhus.

IM HERZEN HAMBURGS

Schlemmen zwischen Ruinen

Das Geheimnis um den Turm, von dem Archäologen 1962 zufällig die ausgestellten Überreste ausgruben, ist noch längst nicht hinreichend geklärt. Doch klar ist bereits, dass er etwa 30 Meter hoch war und einen Durchmesser von 19 Metern aufwies. Da der Bau aus der Zeit kurz nach der ersten Besiedlung Hamburgs vor etwa 1000 Jahren stammt, mutmaßten erste Theorien, dass er das Steinhaus von Erzbischof Bezelin Alebrand gewesen sei (Hamburger Bischof zwischen 1035 und 1043), der als Missionsstützpunkt auch eine erste Kirche aus Holz errichten ließ. Dies wurde jedoch bald widerlegt – heute glauben Experten eher, dass

IM HERZEN HAMBURGS

Im Keller von „Dat Backhus"

IM HERZEN HAMBURGS

der Turm womöglich einen Teil einer Befestigungsanlage darstellte, und zwar als Späh- beziehungsweise Wachturm des dort befindlichen Heidenwalls, der ältesten Stadtbefestigung Hamburgs. Vielleicht gehörte er aber auch zu einem Stadttor – noch gibt es Raum für die Fantasie der Café-Besucher, die sich zum Gaumengenuss die Ausstellungsstücke in aller Ruhe ansehen dürfen. Nur der Name „Bischofsturm" ist dem Fund in jedem Fall schon mal sicher.

Als wäre dies nicht schon genug des Guten, gibt es noch mehr zu gucken – einen Nachguss des ebenfalls 1000 Jahre alten Hamburger Domgeläuts, der dem Original bis aufs Detail ähneln soll. 1986 fanden Archäologen nämlich unweit des Bischofsturms eine Glockengussgrube, wo früher die Glocken des Hamburger Doms entstanden.

Lage:
Bischofsturm Café (Eingang Bäckerei Dat Backhus):
Speersort 10, 20095 Hamburg

Anreise mit dem ÖPNV: Ab Hamburg Hauptbahnhof zu Fuß (etwa 650 Meter) in Richtung Domplatz. Die Adresse befindet sich unmittelbar an der Hauptkirche Sankt Petri.

Öffnungszeiten: (wie die Bäckerei) Montag bis Freitag 8 bis 17 Uhr, Samstag 9 bis 13 Uhr, Sonntag geschlossen

Website: *amh.de/standorte/bischofsturm*

HINWEIS: Sollte das Café im Erdgeschoss gerade geschlossen haben, kann man einfach in der Bäckerei freundlich nachfragen, ob man einen Blick auf die Ausgrabungen werfen darf – meistens ist dies kein Problem. Die Findlinge und Erklärungstafeln sind frei zugänglich, Eintritt braucht man auch als Nicht-Café-Besucher nicht zu bezahlen.

12 Erkundungstour

ZWISCHEN PETERSTRASSE UND HUMMEL-DENKMAL

Sie gilt als eine der schönsten Straßen Hamburgs – die Peterstraße mit den Nachbauten prachtvoller, großbürgerlicher Wohnhäuser aus dem 17. Jahrhundert. Aufgrund der dort angesiedelten Komponisten-Museen nennt sie sich auch Komponisten-Quartier. Nur wenige Hundert Meter weiter steht das Hummel-Denkmal zu Ehren von Hamburgs berühmtestem Wasserträger.

IM HERZEN HAMBURGS

Es ist, als würde man in eine Filmkulisse eintreten, wenn man durch die modernen Neustadt-Bauten aus dem 20. Jahrhundert schlendert, die hauptsächlich Büros beheimaten, und plötzlich an der Peterstraße vorbeikommt: Da ragen ansehnliche Backsteingebäude, darunter Fachwerkhäuser, in die Höhe, teils mit bedruckten Fassaden, teils mit künstlerisch dekorierten Türklinken. Genauso soll es in Hamburg im 17. Jahrhundert ausgesehen haben, bevor ein großer Brand die Stadt 1842 zerstörte – allerdings nicht an dieser Stelle, wo sich das eng bebaute Gängeviertel für die unterste Bevölkerungsschicht ausbreitete, sondern bei der St.-Katharinen-Kirche. Dennoch entschied man sich, die sogenannten Kaufmannshäuser mit ihren nun denkmalgeschützten Fassaden in der Peterstraße zu errichten und dort würdige Bewohner einzuquartieren: bekannte Komponisten mit Verbindung zu Hamburg.

Hummel-Denkmal am Rademachergang

„KQ" steht auf Schildern an den Straßenlaternen – „KomponistenQuartier". Zu den Glücklichen, denen mittlerweile in der Peterstraße ein eigenes Museum gewidmet wurde, gehören Johannes Brahms, Georg Philipp Telemann, Johann Adolf Hasse, Carl Philipp Emanuel Bach, Gustav Mahler sowie Fanny und Felix Mendelssohn. Die Ausstellung zu Brahms, einem echten Hamburger Jung', geboren im berüchtigten Gängeviertel, durfte in der Peterstraße 39 einziehen, direkt neben dem Beyling-Stift. In diesem einzigen noch original erhaltenen Gebäude der Peterstraße aus dem 18. Jahrhundert kommen heute Senioren günstig unter. Wer sich für Brahms und seine Komponisten-Kollegen interessiert, kann leicht einen halben Tag in Leben und Werk der Musiker eintauchen, einigen Stücken lauschen sowie vielleicht noch einen Kaffee oder Wein im Kleinhuis' Café & Weinstube am Ende der Straße schlürfen.

Und dann geht es weiter zu einem Hamburger, der statt für wohlklingende Melodien für den typischen Hamburger Gruß „Hummel, Hummel" mit Antwort „Mors, Mors" steht: Einen kurzen Spaziergang von der Peterstraße entfernt, zwischen Rademachergang und Breiter Gang, erhebt sich ein 1938 errichtetes Denkmal an den mürrischen Wasserträger mit Spitznamen Hans Hummel, der eigentlich Johann Wilhelm Bentz hieß. Er lebte in der ersten Hälfte des 19. Jahrhunderts in Hamburg, als es noch keine Wasserwerke gab und die Wasserversorgung dank menschlicher Wasserträger geschah. Sie waren es, die mit Eimern zu den Brunnen gingen, diese füllten und dann zu den Kunden schleppten.

Brahms-Museum in der Peterstraße

Den Spitznamen Hummel bekam der Wasserträger wohl, als er in die Wohnung eines verstorbenen Soldaten namens Hummel einzog, der in der Gegend beliebt war und stets mit „Hummel, Hummel" begrüßt wurde. Bentz andererseits galt als eher übellauniger Zeitgenosse und war den Schikanen der Kinder ausgesetzt – die ihm nicht nur den von Bentz verhassten Gruß zuriefen, sondern ihm dabei auch noch ihren nackten Po zeigten. Darauf spielt die kleine Figur eines Jungen mit ausgestrecktem Hintern an der dem Denkmal gegenüberliegenden Hauswand an. Und wie reagierte Bentz damals? Nun, er konterte mit „Mors, Mors", was auf Plattdeutsch „Hinterteil" bedeutet. Und so wurde der über die Grenzen Hamburgs hinaus bekannte Gruß über Jahrzehnte überliefert.

KomponistenQuartier voller Museen

Info

Lage: in der Neustadt, unweit der U-Bahn-Station St. Pauli

Anreise mit dem ÖPNV: Ab Hamburg Hauptbahnhof Süd mit der U3 in Richtung Barmbek bis St. Pauli. Von dort sind es etwa 550 Meter zu Fuß bis zur Peterstraße und von dort weitere fünf Minuten bis zum Hummel-Denkmal.

Öffnungszeiten der Museen: Dienstag bis Sonntag 10 bis 17 Uhr, Montag geschlossen

Eintritt: Erwachsene 9 EUR, ermäßigt (inkl. Hamburg CARD-Inhaber) 7 EUR, Kinder unter 10 Jahre frei

Website Komponisten-Quartier: *komponistenquartier. de*; die Website gibt auch Auskunft über aktuelle Veranstaltungen und mögliche Führungen für Gruppen.

13 Komm in die Gänge!

DAS ÜBERBLEIBSEL VON HAMBURGS GÄNGEVIERTEL

Einst galt das weitreichende Gängeviertel als eine Art Slum der Stadt. Heute ist nur noch wenig davon übrig – doch für dessen Erhalt kämpften viele Künstler und verwandelten die Gassen in ein Kunstobjekt und Sozialprojekt mit Galerien, Ausstellungsräumen und Veranstaltungen.

IM HERZEN HAMBURGS

Im Gängeviertel geht's stets bunt zu.

Viel mehr als Gänge waren es wirklich nicht, die Gassen, die sich ab dem 16. Jahrhundert zunächst an der Kirche St. Jacobi bildeten, später auch dort, wo heute die Speicherstadt steht, und rund um den Michel. Mit der Industrialisierung und Flucht vom Land in die Städte ab Ende des 18. Jahrhunderts wurde Hamburg noch voller, Wohnraum knapp und Mieten höher. Folglich mussten die Menschen immer näher zusammenrücken – der Bau in den „Gängevierteln" boomte. Teils sollen fünf Personen auf 20 oder 25 Quadratmetern gehaust haben, und es waren natürlich nicht wohlhabende Hamburger, sondern einfache Arbeiter, die in den garantiert nicht TÜV-geprüften Gebäuden ohne vernünftige Kanalisation unterkamen. Kirche und Staat verloren dort die Kontrolle, Prostitution und Alkoholismus gehörten zum Alltag. Da verwundert es nicht, dass die Cholera in Hamburg 1892 ihren Ursprung ausgerechnet im Gängeviertel hatte! Daraufhin wurde es ab Beginn des 20. Jahrhunderts allmählich abgerissen – übrig geblieben ist nur, was man heute noch rund um den Valentinskamp unweit des Gänsemarktes findet.

Und selbst das war vor gar nicht so langer Zeit, nämlich 2009, vom Aus bedroht! Allerdings setzten sich gut 200 Künstler für den Erhalt des historischen Viertels ein und machten es gleichzeitig für jeden zugänglich. Fast würde man sie heute übersehen, die schmalen Zugänge zu den letzten Überbleibseln des Gänge-

Alternatives Wohnen à la Gängeviertel

viertels, teils durch Hofeingänge, die sich gegenüber von topmodernen und gläsernen Wohn- oder Bürohochhäusern befinden. Folgt man jedoch dem zunehmenden Graffiti an Hauswänden und den runden roten Schildern mit weißer Aufschrift „Komm in die Gänge", ist man auf dem richtigen Weg. Die Initiative hinter diesem Motto sowie die Genossenschaft Gängeviertel 2010 eG vertreten nämlich das Viertel gegenüber der Stadt Hamburg. Mehrere historische Gebäude wurden wieder bewohnbar gemacht, darunter das hübsche Kupferdiebhaus, das Jupi-Haus und die Fabrique, die als kulturelles Herz des Viertels gilt. Spaziert man in das düstere Gebäude hinein, riecht es nach Rauch und an den Wänden gibt es keinen einzigen unbemalten Fleck. Jedes Stockwerk hält neue Überraschungen bereit, sei es ein Fotostudio, eine Probebühne oder ein syrisches Restaurant und Café – und manchmal finden dort auch Ausstellungen, Konzerte oder sogar Partys statt.

Auf einem Hof dahinter sitzen junge Leute auf verstreut stehenden Stühlen, die wie eine bunte Flohmarkt-Mischung erscheinen, oder auf Kartons, plaudern oder schlürfen einen Kaffee vom Café nebenan. In einer anderen Ecke spielen Jungen Tischtennis an einer ausklappbaren Platte, wenige Meter vom Museum „Vorgänge für alternative Stadt" entfernt. Daneben bekommt eine junge Frau einen neuen Haarschnitt auf offener Straße verpasst. Dazwischen informieren Tafeln immer wieder über die Vergangenheit des Viertels. Und ein wenig alternativer Wohnkultur ist an manchen Ecken des Gängeviertels noch erhalten geblieben: beispielsweise dem Bewohner eines mit kunterbuntem Graffiti dekoriertem Wohnwagen, von dessen Dach zwei pinke Kuh-Köpfe aus Pappmaschee und mit Flügeln anstelle von Ohren die Zähne fletschen. Wie gut, dass es gelungen ist, dieses einzigartige Stück Hamburg zu erhalten!

Lage: unweit der U-Bahnstation Gänsemarkt, zwischen Valentinskamp, Caffamacherreihe und Speckstraße. Man sollte genau achtgeben, wo man teils zwischen Häusern hindurch in einen Hinterhof oder Gang gelangt. Die Fabrique ist ein guter Referenzpunkt, von wo aus man den Spaziergang beginnen kann.

Anreise mit dem ÖPNV: Ab Hamburg Hauptbahnhof Nord mit der U2 in Richtung Niendorf Nord bis Station Gänsemarkt. Von dort sind es etwa 300 Meter zu Fuß bis zum Gängeviertel.

Website: *das-gaengeviertel.info*; die Website bietet mehr Informationen zu aktuellen Veränderungen im Viertel sowie zu Veranstaltungen.

14 Teikei-Café im Karoviertel

ECHT FAIRER KAFFEE

Kann man in Hamburg Kaffee trinken, der nicht nur von hervorragender Qualität, sondern auch noch fair gehandelt und auf umweltschonende Weise in die Hansestadt gekommen ist? Ja! Im Teikei im Karoviertel. Denn die Café-Idee ist garantiert einzigartig in der City.

IM HERZEN HAMBURGS

Auf die Schnelle könnte es scheinen wie nur ein weiteres Café im Karoviertel, mit kleiner Glasfront zwischen von Graffiti bunt gestalteten Hauseingängen. Doch etwas ist eindeutig anders: Auf der Scheibe erklärt ein langer Schriftzug in dezenten weißen Lettern, dass es hier um mehr geht als fix einen weiteren Kaffee zum Wachwerden oder als Untermalung eines Freundinnen-Plausches. „Teikei verbindet Kaffeeliebhaber und Kaffeebauern auf direktem Weg", beginnt die Erklärung und endet mit den Worten „Wir bauen Brücken zwischen Erzeugern und Verbrauchern und schaffen Nähe über Kontinente hinweg". Das macht neugierig – erst recht in einer Zeit, in der Nachhaltigkeit immer größer geschrieben wird. Was also ist dieses Teikei?

Kalter Kaffee für heiße Tage

Hinter der Bar im stylishen, schwarz-weiß gehaltenen Innenraum mit rosa Fußboden steht der junge, gelernte Designer Aaron Küppers und bereitet eine Tasse Flat White zu. „Mein Vater Hermann hat 2016 die Non-Profit-Organisation Teikei Coffee gegründet", erzählt er, und dass er bald eingestiegen sei. „Der Gedanke dahinter war, mit den Kaffeebauern in Mexiko eine solidarische Landwirtschaft aufzubauen – Community supported Agriculture. Mehrere Menschen tun sich zusammen und sind für alles gemeinsam verantwortlich, auch finanziell, angefangen von der Ernte und den von Hand gepflückten Bohnen. Ganz wichtig ist uns dabei die Zusammenarbeit auf Augenhöhe!" Der Name „Teikei" stamme aus dem Japanischen, wo man das Prinzip seit Langem anwende. Also das Prinzip von vornherein fair gehandeltem Kaffee. Und er wird nicht nur fair gehandelt, sondern auch umweltfreundlich transportiert: „Die Bohnen kommen bei uns mit dem Segelschiff über den Atlantik", so Aaron.

An Wandregalen sammeln sich Papiertüten mit Teikei-Kaffee zum Erwerb, während Aaron im Café selbst den Milchschaum von Cappuccino und Flat White liebevoll mit Latte-Art verziert. Da darf es auch schon mal ein paar Minuten länger dauern, bis das bestellte Getränk fertig ist, denn die entspannte Atmosphäre im Café hält ohnehin zur Entschleunigung an. „Wir wollen auch das Bewusstsein für den Kaffeegenuss schärfen und für die hohe Qualität unseres Kaffees", unterstreicht Aaron. Damit der Kuchen ebenfalls zum fair gehandelten Kaffee passt, backt ihn Aaron selbst aus frischen und regionalen Bio-Zutaten, darunter Kuchen mit Äpfeln und Dinkel oder veganen Karottenkuchen. Doch es gibt nicht nur Süßes: Wer im Teikei mit leckerem Bio-Brot und beispielsweise Ei und frischem Käse frühstücken möchte, kann dies ebenso tun. Dabei lege man besonderen Wert auf die Zusammenarbeit mit Produzenten, die sich ebenfalls dem Prinzip der solidarischen Landschaft verschrieben oder zumindest größten Wert auf die Zutaten und Qualität ihrer Produkte legten.

Fair gehandelter Kaffee zum Mitnehmen

Stilvolles Interieur des Teikei

Und so hofft Aaron, auch bei seinen Gästen ein wenig das Bewusstsein zu schärfen dafür, dass Kaffee nicht gleich Kaffee ist. Und dass sie durch die im Teikei für den Kaffee gezahlten Euro tatsächlich einen kleinen Beitrag dazu leisten, dass ein Bauer in Mexiko mit der Zeit eine bessere Lebensgrundlage aufbauen kann.

IM HERZEN HAMBURGS

Die Fensterfront-Aufschrift verrät die Ziele des Cafés.

Info

Lage:
Teikei Café: Marktstraße 25,
20357 Hamburg

Anreise mit dem ÖPNV: Ab Hamburg Hauptbahnhof Nord mit der U2 in Richtung Niendorf Nord bis Station Messehallen. Von dort sind es knapp 300 Meter zu Fuß bis zum Café.

Öffnungszeiten: Montag bis Sonntag 10 bis 18 Uhr

Website: *teikeicoffee.org*; die Website bietet mehr Informationen über das spannende Projekt. Sollte es im Café nicht allzu voll und Aaron vor Ort sein, steht er gerne zur Verfügung für ein Gespräch über Teikei und seine Hintergründe. Es lohnt sich in jedem Fall, sich neben dem Kaffeetrinken auch dafür ein wenig Zeit zu nehmen, denn das macht den besonderen Kaffee-Genuss in diesem Café zu einem noch ungewöhnlicheren Ereignis.

15 In guter Gesellschaft

HAMBURGS ERSTES ZERO-WASTE-CAFÉ

Von außen sieht es nicht anders aus als viele andere Cafés im Karolinenviertel und in der Schanze – „In guter Gesellschaft" ist ein weiteres Café im Erdgeschoss eines Wohnhauses, mit Holztischen und -stühlen, die über den Gehweg davor verteilt sind. Ein Blick auf die Speise- und Getränkekarte verrät, dass Vegetarier und Veganer hier an der richtigen Adresse sind und neben hausgemachtem Brot auch veganen Aufstrich bekommen, dass die Frühstückseier Bio sind und es leckere hausgemachte Getränke wie frische Limonaden gibt. Doch was ist sonst außergewöhnlich an diesem Café?

Ein Café führen, ganz ohne Müll zu produzieren? Zumindest arbeiten die Gründerinnen von Hamburgs erstem Zero-Waste-Café seit 2017 sehr erfolgreich an diesem Ideal. Dabei fällt den meisten Gästen auf Anhieb gar nicht auf, dass in dem Café im Karolinenviertel etwas anders ist.

„Der Gast bekommt meist gar nicht viel mit von der Zero-Waste-Strategie", lacht Alana Zubritz, die das Projekt 2017 mit einer langjährigen Freundin aus dem Wirtschaftsbereich, Ina Choi-Nathan, entwarf und umsetzte. Das meiste spiele sich in der Küche ab. „Ich habe mich immer schon für Ökologie und Nachhaltigkeit begeistert", berichtet sie, und dass sie bereits zuvor mit Bekannten kleine Öko-Events wie ein Kleidertausch-Café am Sonntag organisiert oder beispielsweise Workshops zur Lebensmittelrettung abgehalten habe. „Dann habe ich in

Gemütliche Sommer-Terrasse

Brighton studiert, das ist die grüne Hochburg Englands, und dort hat auch das erste Zero-Waste-Café eröffnet. So kam mir die Idee, das auch in Hamburg zu tun." Zuerst sei das Café natürlich nicht ganz müllfrei gewesen, doch man habe sich darum bemüht, das stetig zu verbessern. Unter anderem nutze man nur Edelstahltrinkhalme und Stoffservietten, die sich waschen lassen.

„Wir haben auch versucht, mit der Zeit immer mehr Pfandbehälter zu nutzen. Mittlerweile bekommen

Lecker essen ohne Verschwendung

IM HERZEN HAMBURGS

Gesunde Bio-Bowl

BECAUSE EARTH IS BEAUTIFUL

Detailliebe im Inneren

wir von einem Unternehmen in Süddeutschland sogar Oliven- und Sonnenblumenöl in Pfandflaschen und Gewürze in Pfandeimern." Doch fast jeder weiß, dass es manche Dinge eben nur in Tetrapacks gibt, darunter Hafermilch – was also ist damit? „Bei Sachen, wo wir keine Alternative fanden, haben wir angefangen, diese selbst zu machen!" Gerade Hafermilch ginge ganz leicht: Ein kleiner Messbecher Haferkörner, Wasser und etwas Sonnenblumenöl kommen in einen leistungsstarken Mixer, die entstehende Masse wird durchsiebt, und fertig ist die Hafermilch. Auch mache das Café mittlerweile Senf für seine herzhaften Speisen selbst. „Wir wollten auch Altglas einsparen und begannen, Aufstriche und Marmelade selbst herzustellen, das ist alles gar nicht schwer, man muss sich nur ein bisschen reinfuchsen."

Zusätzlich hält Alana zu Themen wie einem möglichst müllfreien Leben und

IM HERZEN HAMBURGS

nachhaltigem Konsum Workshops ab, und im Café finden manchmal Kleidertauschtage statt. Doch was genau hat es mit dem Namen auf sich? „Einerseits spielt ‚In guter Gesellschaft' auf politischer Ebene auf eine gute Gesellschaft an, in der wir alle leben können, andererseits geht es aber auch einfach um die nette Atmosphäre im Café." Und die findet sich sowohl drinnen als auch draußen.

Auch Naschen kann gesund sein

Info

Lage:
In guter Gesellschaft:
Sternstraße 25, 20357 Hamburg

Anreise mit dem ÖPNV: Ab Hamburg Hauptbahnhof Süd mit der U3 in Richtung Barmbek bis Station Feldstraße. Von dort sind es gut 200 Meter zu Fuß bis zum Café.

Öffnungszeiten: Mittwoch bis Montag 10 bis 18 Uhr, Dienstag geschlossen

Website: *in-guter-gesellschaft.com*; die Website informiert über die Zero-Waste-Idee und kündigt die Termine der nächsten Veranstaltungen vor Ort an. Die Anmeldung erfolgt dann direkt über *alana@in-guter-gesellschaft.com*.

HINWEIS: Das Café eignet sich wunderbar zum Frühstück, für einen herzhaften Snack zwischendurch oder ein leckeres Stück Kuchen am Nachmittag – auch für Nicht-Vegetarier oder Veganer!

16 Street-Art-Spaziergang

IM SCHANZENVIERTEL

Die sogenannte Schanze ist eines der beliebtesten Ausgehviertel Hamburgs, voller Restaurants, Cafés und Kneipen. Sie gilt als alternativ, jung und rebellisch. Und kaum anderswo in Hamburg sprechen Mauern und Wände so viel und spiegeln teils den sich wandelnden Zeitgeist wider.

IM HERZEN HAMBURGS

Ob Stern- oder Schanzenstraße, Rosenhof-, Beckstraße oder Schulterblatt – viele Straßen im Schanzenviertel haben eines gemeinsam: Die Hauswände und Mauern sind bunt beschrieben oder bemalt, Graffiti und Street-Art fließen ineinander. Auf der einen Seite dahingeschmierte Lettern, nichtssagende oder vulgäre Phrasen, auf der anderen kunstvolle Zeichnungen oder Botschaften mit Tiefgang, die verraten, was die Menschen vor Ort gerade beschäftigt, teils sogar mit Kürzel des jeweiligen Künstlers. Wer heute konkrete Motive oder Szenen an bestimmten Stellen erkennt, wird sie eventuell schon morgen nicht mehr wiederfinden oder aber übermalt, denn die Street-Art der Schanze ist so vergänglich und in ständigem Wandel wie seine Menschen und das Viertel selbst. Was bleibt, ist eines: eine riesige Lust, nackte Wände mit Farbe zu füllen, auch wenn längst nicht alles dem Können eines Banksy gleicht.

Erinnerung an den G20-Gipfel 2017

Besonders farbenfroh: die Meile mit dem witzigen Namen Schulterblatt, benannt nach einem früheren Wirtshaus, an dessen Tür das Schulterblatt eines Wals hing. Denn damals galt der Walfang noch als Quelle für dringend benötigtes Bargeld in St. Pauli. Dort, wo einst einfache und nicht gerade gutbetuchte Hamburger wohnten, sind die Mieten mit der Zeit gestiegen und boomt heute der Szenetreff, doch noch immer stoßen rund ums Schulterblatt Menschen verschiedener Nationen und Schichten aufeinander. Was sich nicht zuletzt in dem ebenfalls im unteren Bereich wild bemalten und beschrifteten Kulturzentrum Rote Flora ausdrückt, eine echte Festung des Widerstandes gegen zu viele Regeln von oben. Das seit 1989 besetzte ehemalige Theater ist so rebellisch wie die Street-Art der Schanze und steht für die Autonome Szene, für die deutschlandweite Organisation von Demonstrationen, aber auch für Koch- oder Fahrradreparaturkurse.

Die seit 1989 besetzte „Rote Flora"

Unweit des Schulterblatts findet sich in der Rosenhofstraße eine vollständige Hauswand-Galerie: hier eine schwarz-weiße Bombe, darin zahlreiche Geister mit Speeren und anderen Waffen und der Unterschrift „Brown your Soul". Dort Abbilder einer äußerst mageren und daneben einer übergewichtigen Männerfigur mit spöttischem Grinsen. In einem weiteren Hauseingang eine verträumt dreinblickende, junge Frau und die Beschriftung „Take me to Sansibar". Immer wieder in dicken schwarzen Lettern „Klima retten". Oder eine Frau mit langen roten Haaren und ebenso rotem Top, knappen Shorts und einem Maschinengewehr in der Hand.

In der Sternstraße hingegen erinnert das Abbild eines schwarz Vermummten, ein Bein zum Tritt erhoben und mit einem Schild „Police" in der Hand an die Ausschreitungen während des Hamburger G20-Gipfels 2017, die sich vor allem in diesen Straßen

IM HERZEN HAMBURGS

abspielten. Im nächsten Straßenzug weisen bunte Flaggen darauf hin, dass „Black Lives matter", wieder andere rufen trotz Corona zu Solidarität auf und heißen Flüchtlinge willkommen. Fest steht: Die Straßen der Schanze schreien eher bunt als Schwarz auf Weiß das heraus, was die Menschen anderer Viertel möglicherweise nur im Geheimen denken. Hinschauen lohnt sich.

Street-Art als Kunstwerk

Info

Lage:
Die meiste Street-Art findet sich unweit des U- und S-Bahnhofs Sternschanze, vor allem in der Sternstraße, Schanzenstraße, Rosenhofstraße, Beckstraße und dem Schulterblatt. Am besten lässt man sich ab dem Bahnhof einfach durch die Straßen treiben, und anstatt nach einem passenden Ort zum Essen oder Trinken zu suchen, schaut man zuerst einmal genau hin, welche Geschichten die Wände und Mauern der Straßen aktuell erzählen.

Anreise mit dem ÖPNV: Ab Hamburg Hauptbahnhof mit der S21 oder S31 bis zum Bahnhof Sternschanze. Von dort kann man einen gemütlichen Spaziergang von etwa zwei Kilometern durch die Straßen mit der meisten Street-Art unternehmen.

HINWEIS: Damit die Straßen nicht allzu überfüllt sind und man die Street-Art auch überall gut erkennen und sich Zeit dafür nehmen kann, empfiehlt es sich, die Tour vor 17 Uhr zu unternehmen, wenn sich die Schanze (gerade an warmen Tagen) langsam füllt – und erst recht nicht an einem Freitag- oder Samstagabend!

17 Skandinavisch–amerikanisch schlemmen

BRIAN'S STEAK & LOBSTER

Ein Restaurant, das sowohl Steak als auch Lobster serviert und das womöglich noch auf einem Teller? Dafür muss man wohl ganz schön verrückt sein – und das ist Brian Bojsen, der mit der Zeit den Beinamen „der verrückte Däne" verpasst bekam und 2014 ein ganz besonderes Restaurant mit Speisen zwischen Erde und Meer unweit der Alster eröffnete.

IM HERZEN HAMBURGS

Es war 2008, dass der gebürtige Däne Brian Bojsen, Jahrgang 1972, nach Hamburg kam. Als er wenige Jahre später in der Weinbar saß, wo sich heute Brian's Steak & Lobster befindet, fragte ihn der damalige Besitzer, ob er den Laden nicht übernehmen wolle. „Ich war etwas betrunken, und 2014 habe ich das Restaurant aufgemacht", lacht er. „Ich war viel in den USA unterwegs und fand die Steakhäuser dort cool, aber mit der Zeit sind wir immer skandinavischer geworden", erzählt der gelernte Fotograf und Veranstaltungstechniker mit Leidenschaft fürs Kochen. Alles, was im Restaurant an Fisch auf den Tisch kommt, hat er selbst gefangen, zum Beispiel in Norwegen, denn jeden Monat ist er bestimmt zehn Tage auf Reisen. Davon bringt er öfters an die 40 Kilogramm Filet Kabeljau oder Seelachs mit, aber wer lieber ein einfaches dänisches Smørrebrød kosten möchte, findet auch das – mit leckerem Bio-Roggenbrot.

„Wild Scandinavian Way"

„Mir ist wichtig, dass ich weiß, woher die Produkte kommen", berichtet der bärtige Däne, zum Beispiel von Farmen, wo es den Kühen auch gutgehe, „denn mit guten Produkten geht das Kochen viel leichter."

Köstliches Steak aus geprüfter Tierhaltung

„Wild Scandinavian Way" lautet das Motto seit 2019, man konzentriere sich zunehmend mehr auf wilde Küche als auf Fine Dining. Auf Bojsens persönlichem Youtube-Kanal kann man dem Chefkoch sogar zuschauen, wie er auf den skandinavischen Gewässern in Action ist. Jeden Monat erscheint eine neue Folge, sei es

Skandinavisch schick und gemütlich

aus Norwegen, Schweden, Dänemark oder Island, und das Highlight dabei ist, das, was aus der Natur kommt, direkt in der Natur vor laufender Kamera zu kochen.

Dabei ist Bojsen, der sich selbst als Jäger, Angler und Abenteurer bezeichnet, stets mit einem Team von fünf Personen unterwegs, darunter ein Big-Game-Fischer und ein Fliegenfischer, während er selbst den Unterwasserjäger abgibt. Besonders gern jage er mit der Harpune, fange aber auch Hummer mit seinen bloßen Händen. Ein bisschen verrückt mag sich das für den einen oder anderen schon anhören, aber auf die Frage, ob er sich selbst mit seinem Titel „der verrückte Däne", den ihm der Fernsehsender Sat.1 verpasste, identifiziert, schüttelt er lachend den Kopf. „Ich bin nicht verrückt, ich gehe nur etwas andere Weg als viele andere!"

Und einen neuen Weg zusätzlich zum Restaurant möchte er auch ab Mai 2021 einschlagen: Dann kann man nämlich mit Bojsen und seinem Team live auf Reise gehen, beispielsweise nach Norwegen, wo man selbst die Angel schwingt, mehr über das Fischerhandwerk lernt und natürlich den besten Fang direkt vor Ort verkostet. „Ich möchte mehr die wilde Seite leben", gesteht Bojsen, denn das Ziel, seine Gäste glücklich zu machen und ihnen in seinem Restaurant etwas dänische „Hygge", Gemütlichkeit, zu schenken, ist ihm schon ganz gut gelungen. Dort zergehen die Einflüsse, die er aus der Welt mit nach Hamburg gebracht hat, bei manchem Gericht auf der Zunge – seien es nun der Fisch aus Skandinavien, der charakteristische Surf & Turf Burger mit Rindfleisch und einem halben Hummer obendrauf, oder der wirklich himmlisch schmeckende Käsekuchen mit echter Madagaskar-Vanille zum Nachtisch.

IM HERZEN HAMBURGS

Surf & Turf Burger: Hummer und Steak

Lage:
Brian's Steak & Lobster:
Milchstraße 25, 20148 Hamburg,
Tel.: 040 570 16737

Anreise mit dem ÖPNV: Ab Hamburg Hauptbahnhof mit der U1 bis Station Hallerstraße. Von dort sind es noch etwa 700 Meter zu Fuß in Richtung Alster. Sollte einen die Speisekarte zu sehr verführt haben und man danach einen prallvollen Bauch haben, bietet sich nach dem Abendessen ein schöner Spaziergang an der wenige Meter entfernten Außenalster an.

Öffnungszeiten: Mittwoch bis Samstag 17 bis 24 Uhr, Sonntag 16 bis 22 Uhr, Montag/Dienstag geschlossen; vor allem Freitagabends und an Wochenenden ist eine Reservierung empfehlenswert.

Website: *brians-hamburg.de*

Youtube: Unter dem Titel ‚Brians's Way of life' unterhält Bojsen einen Youtube-Kanal, der ständig gepflegt wird und wo man unter anderem am Bildschirm mitverfolgen kann, woher der Fisch, den man im Restaurant verputzt, kommt – aber auch viele weitere Infos zu Orten und Festivals erhält, die der Däne besucht hat;
youtube.com/channel/UC1wO5bBJA6oxUuptjEzoSbw

Im Norden Hamburgs

Das Planetarium im Hamburger Stadtpark

Im Norden Hamburgs

18. Wanderung durch verwunschene Landschaften im Wittmoor
19. Müllberg mit Weitblick
20. Wanderung auf dem Alsterwanderweg im Norden Hamburgs
21. Spaziergang über den Ohlsdorfer Friedhof
22. Museum der Arbeit: Entdecken, Fördern, Mitmachen
23. Auswärts daheim: das „Lütt Liv"
24. Im Polizeimuseum: ein Blick hinter die Kulissen der Polizeiarbeit
25. Die Geheimnisse des Stadtparks
26. Hamburg vom Wasser aus erleben: eine Paddeltour
27. King of my Castle in Schloss Ahrensburg

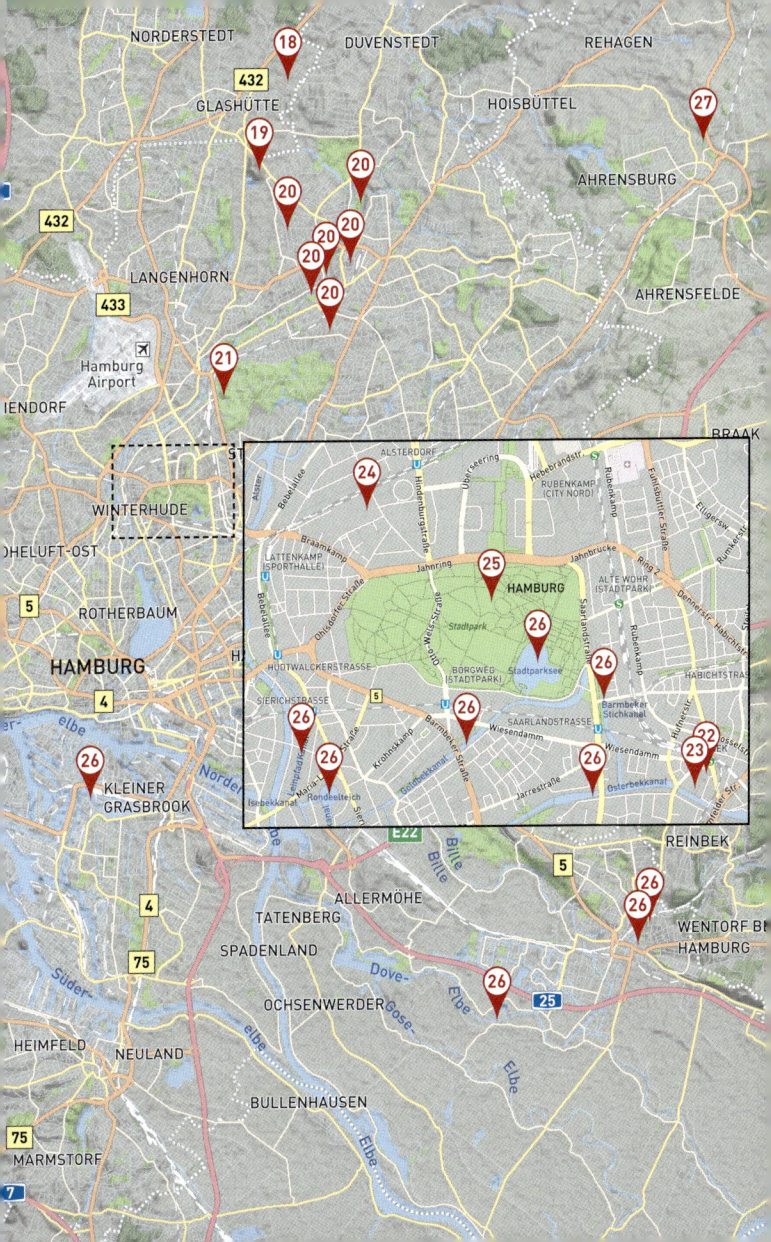

18 Wanderung

DURCH VERWUNSCHENE LANDSCHAFTEN IM WITTMOOR

Es gilt als letztes Hochmoor in Hamburgs Norden, teils auf Hamburger, teils bereits auf Schleswig-Holsteiner Gebiet. Ein Ort zum Abschalten und Innehalten, vor allem aber zum Staunen – denn Wald und Wiesen wechseln sich blitzschnell mit echtem Moor und Heide ab. Und unerwartet auch mit einem Stück deutscher Geschichte.

Wer sich aufmacht, das Wittmoor auf den verschiedenen, gut ausgezeichneten Wander- und Spazierwegen zu erkunden, streift durch eine Landschaftsgeschichte von Jahrtausenden, die in der Eiszeit begann. Man stelle sich vor, dass sich dort vor sehr langer Zeit Gletscher ausbreiteten, die im Laufe der Erderwärmung schmolzen und für eine langsam versumpfende Rinne sorgten. Als Erstes entstand darin ein Bruchwald, dann vertorfte der Boden und die Menschen machten sich das Moor zunutze, zum Torfabbau, für Entwässerungs- und Kultivierungszwecke. Doch

Sonnenaufgang über dem Wittmoor

seit 1978 steht das Moor unter Naturschutz, und heute kann man mit ein wenig Glück wieder einige der ursprünglichen Bewohner antreffen, darunter Gras- und Moorfrösche, Ringelnattern, Kreuzottern sowie Vögel wie Wachtelkönige und Kraniche, aber auch Hunderte von Schmetterlingsarten und Libellen.

Sieht man Scheidiges Wollgras – lange Stiele mit flauschigen, baumwollartigen Bällchen an der Spitze, ist Vorsicht angesagt: Das Gras steht meist in unmittelbarer Nähe der nach Menschen-

IM NORDEN HAMBURGS

Wildes Moor am Rande von Hamburg

beinen lechzenden Moorflächen, die sich in Form von tiefblauen Seen, in denen sich die umgebenden Bäume spiegeln, am Wegesrand entlangziehen. Daraus staksen gespenstig tote Äste hervor und lassen an düsteren und nebeligen Tagen den Eindruck entstehen, man befinde sich inmitten eines Krimis – nur der letzte Schrei des im Moor versinkenden Mordopfers lässt noch auf sich warten. Hat es vorher stark geregnet, sollte man das Wittmoor allerdings meiden, denn dann können Moor und Wege auch schon mal verschwimmen und zu einer echten Gefahr werden. Spaziert man weiter in Richtung des sogenannten, um wenige Meter höher gelegenen Aussichtspunktes, wartet die nächste Überraschung: Plötzlich weicht das Moor einer im August und teils auch September noch blühenden Heidelandschaft und vermittelt das Gefühl, in der Lüneburger Heide gelandet zu sein.

Denkmal für das KZ Wittmoor

Dabei ist Naturgeschichte nicht das Einzige, an das der Spaziergang durchs Wittmoor erinnert – eine Gedenktafel erinnert ebenso an die Zeit des Nationalsozialismus, denn in Wittmoor gab es tatsächlich ein Konzentrationslager! Es war sogar das erste KZ Hamburgs, das ab

1933 Häftlinge aufnahm und diese sogleich zum Torfstechen gezwungen wurden, zum Trockenlegen von Moorflächen oder Arbeiten in der Torfverwertungsfabrik. Begibt man sich heute freiwillig zum Erholen in das Moorgebiet, hieß es zur Zeit des Zweiten Weltkriegs „Lieber Gott, mach mich stumm, dass ich nicht nach Wittmoor kumm". Doch für viele gerade jüdische politische Gefangene war Wittmoor erst der Anfang des Horrors, denn über Neuengamme, Theresienstadt und Treblinka gelangten sie oftmals bis nach Auschwitz.

Von diesem Leid ist heute nichts mehr zu spüren. Da sind nur noch Zwitschern und das Summen von Libellen. Und ab und zu ein ganz sachtes Plätschern auf einem der Moorseen.

Lage: im Norden Hamburgs, zwischen den Stadtteilen Duvenstedt und Lemsahl-Mellingstedt, aber teils auch schon auf dem Gebiet Schleswig-Holsteins. Dort reicht es bis in die Stadt Norderstedt hinein.

Anreise mit dem ÖPNV: Vom Hamburger Hauptbahnhof mit der U1 Richtung Norderstedt Mitte bis Station Ochsenzoll. Von dort weiter mit Bus 7550 bis Haltestelle Glashütte/Siegfriedstraße. Von dort geht man am besten die etwa 2,5 Kilometer bis zum Naturschutzgebiet zu Fuß, da keine öffentlichen Verkehrsmittel das Wittmoor anfahren.

HINWEIS: Das Wittmoor ist optimal zum Spazierengehen beziehungsweise auch für etwas längere Wanderungen in den abwechslungsreichen Landschaften. Achtung: Es gibt keinerlei Cafés, Kioske oder Ähnliches in der Nähe, also sollte man sich genug zu essen und zu trinken mitbringen. Bänke bieten sich immer wieder für einen Halt oder ein Picknick an. Man sollte sich unbedingt an die vorgegebenen Wege halten und das Gebiet an nassen Tagen lieber vermeiden, besonders, wenn es zuvor viel geregnet hat!

19 Müllberg mit Weitblick

Im Volksmund heißt er „Monte Müll", soll 79 Meter hoch sein und ist damit für Hamburger Verhältnisse schon ein richtiger Berg, denn allzu viele Aussichtspunkte dieser Art gibt es in der City nicht – es sei denn, man lässt sich mit einem schicken Lift zu einer Rooftop-Bar in St. Pauli katapultieren. Wer dem aber eine mehr oder weniger natürlich entstandene Anhöhe vorzieht, der kraxelt einen der zahlreichen, teils dicht bewachsenen Pfade zum Müllberg im nördlich gelegenen Hummelsbüttel hinauf – aber Achtung, es bedarf einiger Experimentierfreude, um herauszufinden, welches nun der einfachste Weg nach oben ist oder bei welchem man sich den Weitblick nach einem Kampf mit sperrigem Gestrüpp regelrecht verdienen muss. Im Zweifelsfall lohnt es sich, einen Spaziergänger mit Hund zu fragen, von denen es sehr viele gibt, die sich in der Regel gut auskennen.

Ausgerechnet vom Hummelsbütteler Müllberg eröffnet sich einer der schönsten Ausblicke über Hamburg. Dort, wo sich vor gar nicht langer Zeit tatsächlich Müll anhäufte, gibt es heute neben der Aussicht viel Grün, Spazierwege und sogar einen See.

Und was gibt es von oben zu sehen? An klaren Tagen die gesamte Hamburger Skyline auf der einen und die grüne Landschaft Schleswig-Holsteins auf der anderen Seite! Als Erstes sticht der Telemichel ins Auge, Hamburgs weithin sichtbarer Fernsehturm, gefolgt von der Elphi und den charakteristischen Kirchtürmen. Manchmal lassen sich in weiter Ferne sogar die Harburger Berge ausmachen.

Doch wieso dient eine ehemalige Mülldeponie eigentlich als geheimer Aussichts-Spot für romantische Picknicks oder bei klarem Wetter fürs Fotoshooting der Hamburger Skyline? Nun, noch in den 1960er- und 1970er-Jahren baute man vor Ort Sand ab und hob einige Gruben aus, in denen Müll gesammelt wurde – soweit bekannt meist mineralische Stoffe, sodass man sich nicht zu sorgen braucht, auf toxischem Material herumzuspazieren. Die Müllansammlung endete jedoch 1984, woraufhin man die Lücken zwischen den Deponiehügeln zuschüttete, das Gelände noch etwas weiter aufstockte und dann praktisch abwartete, bis Gras über die ganze Sache gewachsen war, wie vielerorts und so oft im Leben.

Hummelsee am Fuß des Müllbergs

Und wie ebenfalls so oft eroberte sich die Natur selbst den Müllberg zurück, ließ Bäume und Sträucher auf ihm entstehen und zu Füßen des Berges sogar den sogenannten Hummelsee, der sich in einem nicht aufgefüllten Teil der ehemaligen Müllhalde breitmachte. Zum Baden ist er zwar nicht geeignet, dafür aber zum Angeln oder einfach, um an heißen Sommertagen zumindest Füße und Beine abzukühlen. Manch einer hat auch Freude daran, Modellboote über das ruhige Wasser gleiten zu lassen. Wer gerne etwas länger in der Natur spazieren oder Fahrrad fahren möchte, findet anschließend das Naturschutzgebiet Hummelsbütteler

Blick über die City vom Müllberg aus

IM NORDEN HAMBURGS

Moore mit den Naturdenkmalen Ohlkuhlenmoor und Hüsermoor oder das Raakmoor.

Das Gute: Wüsste man nicht, dass sich hier einst eine Mülldeponie befand, würde man es niemals erraten, so idyllisch präsentiert sich der Ort – abgesehen von manchen Überresten eines ausgiebigen Picknicks oder wochenendlichen Saufgelages „auf dem Berg", die manche Ferkel leider zurücklassen. Doch in erster Linie ist der Müllberg ein Ort, wo der Verkehrslärm für eine Weile verstummt und die Stimmen der Stadt mit ihm. Wo die Stadt ganz nah wirkt und doch so fern.

Lage:
im Stadtteil Hummelsbüttel im Norden Hamburgs, unweit der Grenze mit Schleswig-Holstein

Anreise mit dem ÖPNV: Vom Hamburger Hauptbahnhof mit der S1 Richtung Poppenbüttel/Hamburg Airport (Flughafen) bis Station Poppenbüttel und von dort weiter mit Bus 178 Richtung Glashütte/Markt bis Haltestelle Heimgarten. Von dort sind es nur noch fünf Minuten zu Fuß bis zum Müllberg.

Aktivitäten: Manch einer würde es wandern nennen, doch für viele sind es eher Spaziergänge, die sich auf den Müllberg anbieten und rund herum weiterführen, sei es durch das Naturschutzgebiet Hummelsbütteler Moore oder rund um den Hummelsee. Dort kann man ebenfalls schön Fahrrad fahren – oder an warmen Tagen am See entspannen oder auch mal angeln (wobei man sich informieren sollte, ob eine Erlaubnis vonnöten ist). Am See ist es ebenfalls möglich zu grillen. Auf dem Müllberg selbst lässt sich wunderbar mit Weitblick picknicken – aber da keine Mülleimer zur Verfügung stehen, sollte man seinen Müll selbstverständlich wieder mitnehmen!

20 Wanderung

AUF DEM ALSTERWANDERWEG IM NORDEN HAMBURGS

Wer an die Alster denkt, hat meist die Binnen- oder Außenalster vor Augen, doch die zahlreichen Arme des Flusses reichen viel weiter – bis in Hamburgs Norden. Am Ufer führt der Alsterwanderweg entlang, der sich besonders malerisch zeigt zwischen Alstertal-Museum und Hohenbuchenpark in Poppenbüttel.

IM NORDEN HAMBURGS

Er ist gekennzeichnet durch gelbe, nach oben zeigende Pfeile an Bäumen oder Pfählen – der etwa 37 Kilometer lange Alsterwanderweg von der City bis nach Kayhude, nördlich von Hamburg. Einer der schönsten, weniger bekannten Abschnitte beginnt unweit des Alstertal-Museums, das schon von außen ein Prachtfoto abgibt, denn das Museum befindet sich im pittoresken Fachwerk-Torhaus des Herrenhauses Wellingsbüttel von 1750. Die

Das Alstertalmuseum

Ausstellung im Inneren umfasst Sammlungen aus Fotos, Karten und Zeichnungen zur Geschichte der Stadtteile Wellingsbüttel, Hummelsbüttel und Poppenbüttel, inklusive dem Thema der Lastschifffahrt auf der Oberalster. Unweit des Museums führt der Alsterwanderweg entlang des stillen Gewässers durch Wälder, in die sich höchstens Hundebesitzer und wenige andere Spaziergänger verirren.

Ein Stück weiter nördlich lohnt sich ein Abstecher zur Gedenkstätte Plattenhaus Poppenbüttel. Der weiße Bungalow mit grünem Dach und Fensterläden ist so unscheinbar, dass man ihn vor den modernen Wohnhäusern fast übersehen könnte. Dennoch spiegelt er einen bedeutenden Teil Hamburger Geschichte wider, denn er ist das letzte Plattenhaus einer Wohnheimsiedlung, die weibliche Gefangene des KZ-Außenlagers Sasel errichten mussten. Um den Nationalsozialismus, die Judenverfolgung und die Hamburger KZs dreht sich auch die Ausstellung. Nach diesem unschönen, aber wichtigen Ausflug in die Vergangenheit sorgt Burg Henneberg, auch „Alsterschlösschen" genannt, am weiteren Verlauf des Alsterwanderweges wieder für ein Schmunzeln – sie ist nämlich Hamburgs einzige Burg und, laut Website, die „wohl kleinste Burg der Welt". Da die Burg, die sich gut hinter Bäumen versteckt, in Privatbesitz ist, lässt sie sich jedoch nur im Rahmen bestimmter Veranstaltungen besuchen wie Konzerte, Kinovorführungen und Tanz-Events.

Gedenkstätte Plattenhaus Poppenbüttel

Dafür ist das Restaurant an der Poppenbütteler Schleuse meist geöffnet und versorgt seine Gäste mit allerlei Köstlichkeiten, darunter hausgemachter Kuchen und Kaffee am Nachmittag. Und um die frischen Kalorien auf den Hüften auch schnell wieder loszuwerden, geht es danach noch ein Stück weiter Richtung Norden: vom Hennebergpark zum zehn Hektar großen Hohenbuchenpark, der hält, was sein Name verspricht. Dort, wo die Mellingbek in die Alster fließt, spenden unzählige Buchen, Eichen und andere Laubbäume auf beiden Seiten des Ufers Schatten und öffnen sich ab und zu ein wenig, um den Blick freizugeben auf Kanus und Tretboote, die lautlos über die Gewässer gleiten.

IM NORDEN HAMBURGS

Und auf einmal kann man sich gar nicht mehr vorstellen, dass dies derselbe Fluss sein soll, um den sich nur wenige Kilometer weiter südlich täglich die Menschen insbesondere am Jungfernstieg knubbeln und an dessen Ufer üppige Villen in einigen von Hamburgs feinsten Stadtteilen aufragen. Denn hier oben, weit im Norden, dominieren Natur und Stille.

Info

Lage:
im Norden Hamburgs zwischen Wellingsbüttel und Poppenbüttel

Anreise mit dem ÖPNV: Vom Hamburger Hauptbahnhof mit der S1 oder S11 in Richtung Poppenbüttel/Hamburg Airport (Flughafen) bis Station Wellingsbüttel. Von dort sind es zu Fuß etwa 650 Meter bis zum Alstertal-Museum. Am Ende der Wanderung am Hohenbuchenpark kann man 500 Meter bis zur Bushaltestelle Maike-Harder-Weg laufen und Bus 276 in Richtung Mellingburgredder bis zur S-Bahn-Station Poppenbüttel nehmen. Von dort fährt die S1 oder S11 zurück zum Hauptbahnhof.

Aktivitäten:
- Alstertalmuseum: aktuelle Öffnungszeiten und Preise gibt es auf der Website; Wellingsbüttler Weg 75A, 22391 Hamburg, Tel.: 040 536 6679, *alsterverein.de*
- Gedenkstätte Plattenhaus Poppenbüttel: nur Sonntag 10 bis 17 Uhr geöffenet und nach Vereinbarung für Führungen, Eintritt frei; Kritenbarg 8, 22391 Hamburg, Tel.: 040 428131500, *poppenbuettel.gedenkstaetten-hamburg.de/de*
- Burg Henneberg: Marienhof 8, 22399 Hamburg, Tel.: 0170 999 5432, *burg-henneberg.de*

Restaurant:
- Bar & Restaurant the Locks: an der Poppenbütteler Schleuse, Marienhof 6, 22399 Hamburg, Tel.: 040 611 6600, *the-locks.de*

21 Spaziergang

ÜBER DEN OHLSDORFER FRIEDHOF

Mit knapp 400 Hektar ist er der größte Parkfriedhof der Welt – und weitaus mehr als nur als eine Ansammlung von Gräbern. Der Landschaftspark überrascht mit seiner vielseitigen Flora und Fauna, mit Gärten, Wäldern und Seen. Aber auch mit einmaligen Grabanlagen, Mausoleen und Mahnmalen.

IM NORDEN HAMBURGS

Der riesige Ohlsdorfer Friedhof geht auf das Jahr 1877 zurück und auf den damaligen Direktor Wilhelm Cordes, der eine außergewöhnliche Idee entwickelte: Er wollte keinen gewöhnlichen Friedhof, sondern laut NDR-Bericht einen „romantischen Landschaftsgarten mit geschwungenen Wegen, Hügeln und Teichen". Demnach sollte jeder Tote „in seinem Grab wie in einem eigenen kleinen Paradiesgarten ruhen". Aber es sollte sich keineswegs alles um den Tod drehen, sondern auch um das Leben, und das konnte kaum besser funktionieren, als wenn die Lebenden am selben Ort Erholung fänden. An diesem Prinzip hat sich bis heute nichts geändert.

So kommt es, dass viele Hamburger den Ohlsdorfer Friedhof als kleines Naherholungsgebiet empfinden, wo es immer wieder Neues zu entdecken gibt. Als Hilfe für die Entdeckungstour gibt es Friedhofskarten und eine Auflistung an „reizvollen Spaziergängen" unterschiedlicher Länge, beispielsweise zum Thema „Prominente, Plastiken und Parklandschaft". Dieser umfasst den Südteich und den herrlichen Rosengarten, wo in den Sommermonaten an die 2700 Rosen blühen, aber auch besonders prunkvolle Skulpturen auf manchen Gräbern.

Rosengarten des Ohlsdorfer Friedhofs

Etwas ist auf dem Ohlsdorfer Friedhof eindeutig anders als in den übrigen Hamburger Parks – die Stille wird nur durchbrochen von Vogelzwitschern und den leisen Stimmen der Besucher, nicht aber von feiernden oder grillenden Gruppen, spielenden Kindern oder Joggern, die ihre Musikpräferenzen mit der Umwelt teilen.

Üppige Grabstätten an jeder Ecke

Grabfelder für Gefallene der Weltkriege

In einer „Dichterecke" sammeln sich die Gräber von Schriftstellern, Theatergründern und Schauspielern, während im ganz besonderen „Garten der Frauen" außergewöhnliche Frauen geehrt werden – ein in Europa einmaliges Projekt. Eine Idee, die zum Nachdenken anregt, ist der dortige „Teppich des Gedenkens", der aus Tausenden von Erinnerungsfäden gewebt ist, aber nie fertig wird, als Anspielung darauf, dass selbst der Tod nicht endgültig ist.

Wer den Friedhof in aller Ruhe erkundet, wird bald feststellen, dass er für jeden Raum bietet: für wohlhabende Hamburger wie Reeder und Kaufleute aus dem 19. Jahrhundert und die heutigen Millionäre, die ihren Status auch nach dem Tod in Form von prunkvollen Gräbern unterstreichen. Aber auch für alle, die sich keine pompösen Steine und Statuen leisten konnten oder wollten oder anonym eingeäschert wurden.

Andererseits erinnern Grabfelder an Gefallene aus den beiden Weltkriegen und an die Opfer von Unglücken wie dem

Hamburger Feuersturm 1943 oder der Sturmflut 1962. Wiederum dient eine 16 Meter hohe Stele dem Gedenken an Opfer der Nationalsozialisten, darin 105 Urnen mit in den Konzentrationslagern aufgesammelter Asche. Wer danach lieber an etwas Schönes denken möchte, kann eine Weile den Gänsen auf dem Prökelmoorteich zuschauen, mit ein wenig Glück eine Wasserschildkröte erspähen oder vielleicht einen Graureiher. Auch Igel, Fledermäuse und Uhus sollen auf dem Parkgelände leben. Und so gelingt es dem Ohlsdorfer Friedhof ganz gut, stets die sprichwörtliche Brücke zwischen Leben und Tod zu schlagen.

Lage: im Norden Hamburgs im Stadtteil Ohlsdorf

Anreise mit dem ÖPNV: Ab Hamburg Hauptbahnhof Süd mit der U1 bis Ohlsdorf. Von dort sind es zu Fuß zum Friedhof noch etwa 400 Meter.

Öffnungszeiten: Die Fußgängertore sind zwischen 6 und 21 Uhr geöffnet.

HINWEISE:
- Man kann den Park auch mit dem Auto befahren, wenn man sich für Sehenswürdigkeiten interessiert, die über verschiedene Ecken verteilt sind; Öffnungszeiten der Tore für Fahrzeuge: April bis Oktober 9 bis 21 Uhr, November bis März 9 bis 18 Uhr.
- Forum Ohlsdorf: Dort gibt es Informationen zum Friedhof. Das Forum befindet sich rund um das historische Krematorium von Fritz Schumacher (Montag bis Freitag 9 bis 16 Uhr). Zur besseren Orientierung empfiehlt es sich, eine Friedhofskarte mit Informationen zur Lage bestimmter Gräber, Gärten und weiterer Highlights mitzunehmen.
- Am Forum befindet sich auch das Café Fritz mit einfachen Speisen und Getränken.

22 Museum der Arbeit

ENTDECKEN, FÖRDERN, MITMACHEN

Kaum ein anderer Bereich bestimmt so sehr den Alltag wie die Arbeit, und kaum etwas anderes ist so sehr vom technischen und sozialen Wandel betroffen wie das Arbeitsleben. Da drängt es sich geradezu auf, diese Entwicklung in einem Museum festzuhalten, was in Hamburg mit der 1997 eröffneten Dauerausstellung „Museum der Arbeit" geschehen ist. Schon der Standort fördert das Ziel des Projekts, die Geschichte der Mehrheit der arbeitenden Bevölkerung darzustellen, „von unten für unten": Das Museum liegt in einem weiträumigen Museumshof auf einem ehemaligen Fabrikgelände, bestehend aus mehreren Klinkergebäuden. Ab 1872 nutzte die ehemalige New-York Hamburger Gummi-Waaren Compagnie das Areal zur Verarbeitung von Kautschuk, heute steht es unter Denkmalschutz. Und nicht nur das – es liegt inmitten des Stadtteils Barmbek, früher klassisches Arbeiterviertel.

Die Arbeit bestimmt einen Großteil unseres Lebens. Muss man da in der Freizeit ein Arbeitsmuseum besuchen? Muss man nicht, aber es lohnt sich. Denn das Museum auf einem industriegeschichtlichen Areal vermittelt unter anderem, wie und womit unsere Eltern, Groß- und Urgroßeltern arbeiteten und welche Leistungen diesen Generationen zu verdanken sind.

Das Museum der Arbeit macht es sich nicht nur zur Aufgabe, zu sammeln und auszustellen, sondern auch, Entwicklungen aufzuzeigen – allen voran die Auswirkungen der Industrialisierung über die vergangenen 150 Jahre. Die sogenannte Neue

IM NORDEN HAMBURGS

Fabrik, das Eingangsgebäude, beherbergt die Dauerausstellung. Objekte und Dokumente vermitteln über mehrere Stockwerke, wie sich Arbeitsorte, zum Beispiel Kontore oder Metallbetriebe, handwerkliche Berufe oder das Druckgewerbe, etwa die Zeitungsproduktion, im Laufe der Jahrzehnte hinsichtlich Arbeitsmitteln und Arbeitskleidung gewandelt haben. Viele ausgestellte Maschinen sind noch voll funktionsfähig, und auch kleinen Besuchern wird schnell klar, dass technische Innovationen nicht nur Arbeitsplätze

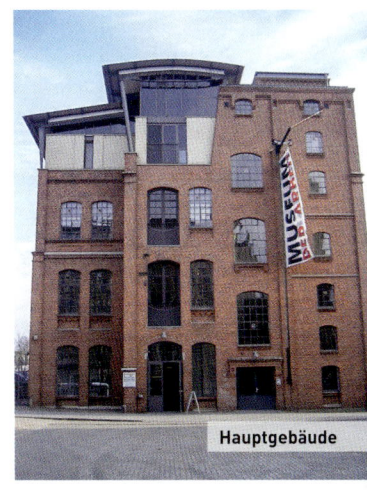
Hauptgebäude

verändern und durch zunehmende Technisierung Erleichterung und Beschleunigung bringen, sondern dass sie auch zur Entwertung oder dem Verfall von menschlichen Fähigkeiten führen.

Klinkergebäude mit weiteren Ausstellungen

TRUDE: Star beim Bau des Elbtunnels

Dazu kommen die Themen Entwicklung von Arbeitsplatzsicherheit und das Austragen von sozialen Konflikten.

Neben der Neuen Fabrik ist unter anderem das Kesselhaus interessant, das den Bereichen Museumswerkstätten, Restaurierung und Fotografie gewidmet ist. Wer gerne in die Tiefe geht oder selbst anpackt, kann an Führungen, Workshops oder Kursen teilnehmen oder an einem sogenannten „Maker Monday" erfahren, wie man eigene Druckprojekte umsetzt, inklusive Einführung ins Buchbinden.

Wer vor allem Staunen möchte, ist in der Regel begeistert von TRUDE (Tief Runter Unter Die Elbe), einem im Freien ausgestellten Schneidrad der 60 Meter langen Tunnelbohrmaschine, die seinerzeit beim Bau des neuen Elbtunnels diente. Speziell für die aufwendige Elbunterquerung angefertigt, war das in seiner Art einmalige Rad mit seinen 380 Tonnen Gewicht und einem Durchmesser von 14,2 Metern anderweitig nicht mehr einsetzbar und gilt heute als technisches Denkmal. Für alle, die mehr über die Vielschichtigkeit der Arbeit speziell in Hamburg erfahren möchten, empfehlen sich die Nebenstellen des Museums im Hafenmuseum Hamburg oder im Speicherstadtmuseum, die sich der Entwicklung der Hafenarbeit beziehungsweise der Speicherstadt als Arbeitsort widmen.

Lage:
Museum der Arbeit:
Wiesendamm 3, 22305 Hamburg,
Tel.: 040 4281330

Anreise mit dem ÖPNV: Ab Hamburg Hauptbahnhof mit der U3 oder der S1 bis U-Bahn/Bahnhof Barmbek. Das Areal des Museums für Arbeit befindet sich direkt am Bahnhof.

Öffnungszeiten: Montag 10 bis 21 Uhr, Mittwoch bis Freitag 10 bis 17 Uhr, Samstag/Sonntag 10 bis 18 Uhr, Dienstag geschlossen

Eintritt: Erwachsene 8,50 EUR, ermäßigt 5 EUR, Gruppenkarte (ab 10 Personen) 6 EUR/Person. Ermäßigungen gelten für Schüler und Berufsschüler ab 18 Jahren, Studenten bis 30 Jahre, Auszubildende, Arbeitslose, Sozialhilfeempfänger, FSJ, Schwerbehinderte und Inhaber der Hamburg CARD. Für Kinder und Jugendliche unter 18 Jahren ist der Eintritt frei!

Führungen: zusätzlich zum Eintrittspreis: 2 EUR

Website: *museum-der-arbeit.de*

HINWEIS: Das Museum enthält auch eine Bibliothek, einen Museumsladen sowie ein Fabrik-Café – oder man gönnt sich nach dem Museumsbesuch ein leckeres Stück Kuchen im Lütt Liv, dem Restaurant/Café direkt gegenüber!

23 Auswärts daheim

DAS „LÜTT LIV"

Es gibt in ganz Hamburg wohl kein vergleichbares Restaurant: Das „kleine Leben" befindet sich in einer alten Fabrikhalle und ist, was man sich aufgrund des Standortes zunächst kaum vorzustellen vermag, urgemütlich. Denn die Inhaber legen Wert auf den ultimativen Wohlfühl-Effekt, auf Herzlichkeit und Zeit für ihre Gäste.

Der Name Lütt Liv, kleines Leben, ist eine Mischung aus dem Plattdeutschen und Schwedischen, und in Schweden war es ebenfalls, dass Inhaber Enrico Guzy die Idee kam, ein hübsch eingerichtetes Restaurant mit gemütlich gedeckten Tischen zu eröffnen. Als sich schließlich die Möglichkeit ergab, auf dem Gelände des Museums der Arbeit direkt an der S-Bahn Barmbek in einer alten Fabrikhalle ein Restaurant zu eröffnen, zögerte der gelernte Schauspieler nicht: Gemeinsam mit einer Freundin gestaltete er die alte Zinnschmelze mit Kupferfassade und von Weitem sichtbarem Schornstein in ein wirklich kleines Restaurant mit ebenso kleiner Terrasse um, wo man auch gerne dann noch sitzenbleibt, wenn der Teller längst leer ist.

Seit März 2015 bietet die ebenfalls kleine Speisekarte nur hausgemachte Gerichte – viel Vegetarisches und mittlerweile auch Veganes, und wenn mit Fleisch, dann nur in Bio-Qualität. „Unsere Karte ist so geschrieben, dass es viele Kreisläufe gibt – man muss fast nichts wegschmeißen, und unsere Händler sind alle aus der Region", so Guzy. Im Winter und Frühjahr arbeiteten sie auch manchmal mit einem Jäger zusammen, der dem Restaurant Wild aus dem Hamburger Umland bringe. Und seit 2020 wird auch ein alter englischer Pferdewagen im Gästegarten, der vorher nur herumstand, sinnvoll genutzt – als Pizzawagen, der sogenannte Kleine Onkel, wo man nach nur wenigen Minuten eine zwar kleine, dafür aber richtig leckere Pizza bekommt.

„Wir setzen auf Handgemachtes und möchten auch drinnen Sachen einfach selbst machen", berichtet Guzy. „Ich wollte das Gefühl, das ich in Schweden oft bekommen hatte, weitertragen, Leute einladen und es für sie schön machen." Später sei anstelle der anfänglichen Freundin ein Freund mit ins Geschäft eingestiegen, Tim Niebuhr, ebenfalls Schauspieler, dessen handwerkliches Geschick dazu beitrug, dass die beiden Männer weiterhin tolle Ideen umsetzen konnten. Viele Einrichtungsobjekte hätten sie auf Flohmärkten in Schweden gekauft und sich dann im Inneren wie auch im Außenbereich des Restaurants ausgelebt.

„Handgemacht und herzlich ist für uns wichtig, wir sind ein Ort, wo sich die kleinen und großen Tragödien des Lebens abspielen." Vor allem hätten sie viele Stammgäste, von denen manche auch bereits im Restaurant ihre Hochzeit oder eine Taufe gefeiert hätten – und Enrico Guzy selbst gibt zu, seine heutige Frau im Restaurant kennengelernt zu haben, wo sie einst angestellt war. „Wir begleiten Menschen gern über längere Zeit und würden das Restaurant im Grunde gerne noch kleiner und minimalistischer halten, um mehr Zeit für unsere Gäste zu haben." Zeit versuchen sich Guzy und seine Mitarbeiter immer zu nehmen – und wenn es

Restaurant in altem Fabrikgebäude

IM NORDEN HAMBURGS

nur dafür ist, jeden Abend Besteck in eine Serviette einzuwickeln und schön mit einer Schleife zu binden, damit sich die Gäste am nächsten Tag über das kleine Detail freuen.

Wer zuvor das Museum der Arbeit besucht hat, findet im Lütt Liv in jedem Fall einen Ort zum Runterfahren und dazu, das Gesehene zu verarbeiten. Einen Ort, wo das Leben nicht nur Arbeit und Geldverdienen bedeutet, sondern auch einfach mal Anzukommen und die kleinen Dinge des Lebens zu genießen.

Hausgemachtes Essen hinterm Schornstein

Info

Lage:
Lütt Liv: Maurienstraße 19,
22305 Hamburg,
Tel.: 040 334 224 22

Anreise mit dem ÖPNV: Ab Hamburg Hauptbahnhof mit der U3 oder der S1 bis U-Bahn/Bahnhof Barmbek. Das Restaurant befindet sich auf dem Gelände des Museums für Arbeit direkt an der Bahn und ist unabhängig von einem Museumsbesuch und von dessen Öffnungszeiten zugänglich.

Öffnungszeiten: täglich von 14 bis 23 Uhr (nachmittags Kaffee und Kuchen), ab 17 Uhr öffnet die Küche und Reservierungen für den Gastraum sind möglich.

Website: *luettliv.de*

HINWEIS: Alle Speisen sind hausgemacht und es finden sich viele gesunde Gerichte darunter, wie Burger mit Bio-Rindfleisch, Bio-Hähnchen, aber auch verschiedene Salate und Wraps ohne Fleisch. Das Restaurant ist perfekt geeignet für Vegetarier und Veganer.

24 Im Polizeimuseum

EIN BLICK HINTER DIE KULISSEN DER POLIZEIARBEIT

Das Hamburger Polizeimuseum ist das größte seiner Art in Deutschland und präsentiert mehr als die Geschichte der Polizeiarbeit. Besucher erleben unter anderem, wie es sich in einem Einsatzfahrzeug fährt, lernen Hamburgs spektakulärste Verbrechen kennen – und bekommen ein selbst geschossenes Fahndungsfoto mit.

IM NORDEN HAMBURGS

Eine Einladung zur Polizei versucht man für gewöhnlich zu vermeiden – doch beim Polizeimuseum nördlich des Stadtparks lohnt es sich, dieser Aufforderung einmal nachzukommen. Auf dem weitläufigen Gelände der Polizeiakademie geht es nach der Einlasskontrolle an herum eilenden Polizisten vorbei bis zum unauffälligen Gebäudeblock, der das dreigeschossige, erst 2014 eröffnete Museum beherbergt.

Zu Gast bei der Polizei

Das Erdgeschoss widmet sich zunächst der Polizeigeschichte von 1814 bis heute – wie sah die Polizeiarbeit in ihren Anfängen aus? Wie entwickelte sie sich in Hamburg im Deutschen Kaiserreich zwischen 1871 bis 1918 und in der Weimarer Republik bis 1933? Auf diese und viele weitere Fragen gibt es Antworten – in den meisten Räumen zusätzlich von echten, Besuchern zur Verfügung stehenden Polizisten! Fürs Auge ist das Ganze untermalt mit Uniformen, Kopfbedeckungen und Waffen, die im Vergleich zu heute selbst manch taffen Kleinkriminellen das Fürchten gelernt haben müssen. Ein Schwerpunkt liegt auf der Rolle der Hamburger Polizei im Nationalsozialismus sowie auf der gerichtlichen Verfolgung des berüchtigten Reserve-Polizeibataillons 101. Dies war eine während des Krieges eingesetzte, paramilitärische Einheit der örtlichen Ordnungspolizei, die aktiv am Holocaust beteiligt war.

Viel Spaß für Kinder

Nach dem Blick in eine nachgestellte Polizeiwache einschließlich Arrestzelle aus den 1960er-Jahren kann man versuchen,

Besucher als Polizeifahnder

sich in den geradezu historischen Einsatz der Hamburger Polizei bei der verheerenden Flutkatastrophe 1962 hineinzudenken. Auf Sandsäcken neben einem damals zum Einsatz gekommenen Schlauchboot sitzend folgt man einem Film mit Originalaufnahmen und -berichten von daran beteiligten Polizisten. Danach geht es im Obergeschoss des Museums um die Kriminaltechnik, die heute nicht mehr denkbar wäre ohne fundierte naturwissenschaftliche Kenntnisse – sei es bei der Spurensicherung, DNA-Analyse oder Fototechnik. Der Besucher darf auch miträtseln, beispielsweise bei der Frage, aus welcher Entfernung ein Schuss abgegeben sein muss, wenn nur die Größe des Einschussloches bekannt ist.

Besondere Attraktionen des Obergeschosses sind das Cockpit eines Polizeihubschraubers und Teil eines Einsatzwagens, ausgerüstet mit Simulatoren, dank denen man Einsatzflüge beziehungsweise -fahrten nacherlebt; unter anderem bei der Suche nach einer in einem Waldgebiet verirrten Person per Hubschrauber mit Wärmebildkamera oder bei Höchstgeschwindigkeit mit

Mitmachen und Ausprobieren erwünscht

Blaulicht und Sirene im Polizeiauto durch Hamburg. Dann wird es im Dachgeschoss ganz düster, zur Einstimmung auf einige außergewöhnliche Kriminalfälle, welche die Hamburger Polizei bearbeitete, etwa um die angeblichen Hitler-Tagebücher oder den Kauf-

IM NORDEN HAMBURGS

hauserpresser Dagobert. Denn ein bisschen Gänsehaut muss ein Polizeimuseum einfach hervorrufen.

Hautnah dran an echten Polizisten

Lage:
Polizeimuseum:
Carl-Cohn-Straße 39, 22297 Hamburg,
Tel.: 040 4286 68080

Anreise mit dem ÖPNV: Ab Hamburg Hauptbahnhof Süd mit der U1 in Richtung Ohlsdorf bis Station Alsterdorf. Von dort sind es noch 700 Meter zu Fuß zum Polizeimuseum.

Öffnungszeiten: Dienstag bis Donnerstag 11 bis 17 Uhr, Freitag bis Montag geschlossen

Eintritt: Erwachsene 8 EUR, ermäßigt 6 EUR (Rentner, Schüler und Auszubildende über 18 Jahre, Arbeitslose, Sozialhilfeempfänger, Studenten bis 30 Jahre), Kinder und Jugendliche unter 18 Jahre Eintritt frei

Führungen: können ab 15 Personen gebucht werden

Website: *polizeimuseum.hamburg*

HINWEIS: Das Museum verfügt auch über einen Shop mit interessanter Literatur und anderen Mitbringseln rund um die Polizeiarbeit.

25 Die Geheimnisse des Stadtparks

Viele gehen im Stadtpark spazieren oder grillen im Sommer auf seinen weitläufigen Wiesen. Dabei hält der Park auch einige Kuriositäten bereit, darunter Themengärten, ein Café in einem ehemaligen Toilettenhäuschen und einen Pilgerweg.

IM NORDEN HAMBURGS

Beim nächsten Besuch des Stadtparks lohnt es sich, ein wenig abseits der Lieblingswege beim Planetarium oder am See zu streifen und die nicht auf den ersten Blick sichtbaren Ecken des Parks zu erkunden. Der ist nahezu 100 Jahre alt, denn als um die Wende zum 20. Jahrhundert die Industrialisierung boomte und die Bevölkerung Hamburgs stetig wuchs, wollte die Stadtverwaltung etwas für das Wohlbefinden der dort lebenden Menschen tun. Sprich: Ein weiträumiger Erholungsraum sollte her. Nach mehrjähriger Planung eröffnete 1914 der erste Teil des 148 Hektar großen Geländes.

Pinguinbrunnen im Stadtpark

Das seit 1930 als Planetarium genutzte Gebäude entstand bereits in den Jahren 1912 bis 1915 als 38 Meter hoher Wasserturm und ist nun eines der Wahrzeichen Hamburgs. Heute ist kaum noch vorstellbar, dass im Zweiten Weltkrieg Flugabwehrgeschütze auf den freien Flächen des Parks standen, neben Unterkünften für Zwangsarbeiter. Die Menschen in ihrer Not sammelten Brennholz und fällten zu dem Zweck auch Bäume. Noch bis 1952 lebten etwa 2000 Hamburger in Notunterkünften im Stadtpark. Die Stadthalle, das Parkcafé und andere Gebäude fielen Bombenangriffen

Im Sommer Freibad – der Stadtparksee

zum Opfer, wurden abgerissen und teils nach dem Krieg sofort wiederaufgebaut. Steht man heute auf der äußeren Treppenanlage, die den Zugang zum Stadtpark bildet, befindet man sich auf dem Grund der einstigen Stadthalle. Dort, vor dem Stadtparksee mit seinem Freibad, nutzen heute Modellbauer ein Fontänebecken, um ihre Schiffsmodelle zu testen.

Vor allem Pärchen dürfte die „Liebesinsel" ein Begriff sein, die durch eine Klinkerbrücke den Stadtparksee zum Goldbekkanal hin verbindet. Nicht minder romantisch ist ein Spaziergang durch die an englische oder französische Gartenarchitektur erinnernden Themengärten, darunter der Rosengarten, Hecken-, Kur- und Steingarten. Sie sind Orte der Ruhe und beheimaten die meisten Skulpturen des Parks, nach Stand von 2019 genau 23, meistens älteren Datums und überwiegend aus Stein, Bronze, Marmor oder Muschelkalk. Zu einem Symbol des Parks hat sich der Pinguinbrunnen entwickelt, der unweit von Rosen- und Heckengarten mit lebensgroßen Pinguinen in einem kleinen Teich aufwartet, umgeben von einem Rotbuchenrondell.

Blick über den Stadtparksee zum Planetarium

IM NORDEN HAMBURGS

Zu den weiteren Stadtpark-Kuriositäten zählt das Lesecafé in der Nähe des Rosengartens – ein umgebautes Toilettenhaus aus Backstein von 1914. Es ist so klein, dass man nur draußen auf der großen Terrasse sitzen kann, dort aber mit allerlei Hausgemachtem, Saisonalem und Regionalem versorgt wird. Das Café ist auch ein wunderbarer Ort, um sich ein wenig zu erden, bevor es auf den Pilgerweg des Stadtparks geht. Der ist ein echter Geheimtipp und war ein Geschenk der umliegenden Kirchen zum 100-jährigen Parkjubiläum im Jahr 2014. Der Weg ist 5,7 Kilometer lang mit 22 nicht offiziell angezeigten Stationen. Auskunft darüber gibt lediglich eine Broschüre, die es in der Hauptkirche St. Jacobi gibt oder an der ersten Station in der Trinkhalle des Parks. Ziel des Pilgerweges: den Park aus einer neuen Perspektive kennenzulernen und sich dabei mit Aufforderungen und Fragen auseinanderzusetzen.

Lage: im Norden Hamburgs zwischen den Stadtteilen Barmbek, Winterhude und Alsterdorf

Aktivitäten: Spazierengehen, Turteln auf der Liebesinsel, das Mieten eines Bootes oder Stand-up-Paddles am dortigen Anleger, eine Bootstour vom Stadtparksee in die Alsterkanäle, ein Besuch der Themengärten mit ihren Skulpturen, ein Spaziergang auf dem Pilgerweg

Führungen: Es besteht die Möglichkeit, an Führungen durch den Stadtpark teilzunehmen, beispielsweise an einem Skulpturen-Rundgang, einem historischen Rundgang, einer Kräuterwanderung oder Gehölzführung. Diese bietet der Stadtparkverein an; Tel.: 040 5132 8391, *stadtparkverein.de/rundgaenge-im-stadtpark*

Website: *hamburgerstadtpark.de*; die Website informiert detailliert über die verschiedensten Attraktionen und Aktivitäten des Parks und gibt auch Auskunft über dessen Flora und Fauna.

26 Hamburg vom Wasser aus erleben

EINE PADDELTOUR

Spazierengehen ist eine schöne Art, selbst Hamburgs verborgene Winkel aktiv kennenzulernen. Aber in einer Wasserstadt bietet sich auch mal eine ganz andere Perspektive an: vom Wasser aus, beispielsweise während einer entspannten Paddeltour durch die Kanäle von Alster oder Bille.

IM NORDEN HAMBURGS

Zum Paddeln gemacht: die Alster

Selbst der oder die Wasserscheue braucht sich keine Sorgen zu machen: Gerade auf Alster und Bille finden sich viele ruhige Wasserabschnitte, die sich wunderbar eignen für eine erste Tuchfühlung mit dem Kanu oder einem anderen Boot – auf Tour durch Hamburgs Kanäle. Besonders beliebt bei Anfängern: die Kanäle von Eppendorf, Winterhude oder Uhlenhorst. Denn die sind nicht nur besonders ruhig, sondern lassen beim Paddeln auch noch träumen – vom Leben in einer der prunkvollen Villen mit ihren weitläufigen Gärten voller bunter Blumen.

Ideale Ausgangspunkte und Kanu-Verleihs finden sich beispielsweise unweit des Stadtparks, am Barmbeker Stichkanal, der Osterbek- und Goldbekkanal verbindet. Es geht vorbei an alten und modernen Backsteinhäusern, an viel Grün – und das Beste: An jedem Anleger kann man stoppen und sich in einem der Cafés oder Restaurants am Ufer eine Stärkung gönnen. Eine ganz neue Perspektive auf den Stadtpark bietet eine Paddelrunde über den Stadtparksee, mit Blick bis zum Planetarium – an lauen Sommerabenden übrigens einer der besten Sonnenuntergangs-Spots der City. Kein Wunder, dass es dort rund um die Liebesinsel zahlreiche Anlegestellen gibt, damit beim tiefen In-die-Augen-schauen und erst recht beim innigen Kuss niemand aus dem Boot kippt.

Vielleicht einen Hauch weniger romantisch, aber nicht minder hübsch paddelt es sich zum runden Rondeelteich, entlang der grünen Ufer mit Schrebergärten und unter zahlreichen Trauerweiden hindurch, die ihre Äste bis ins Wasser strecken. In der Mitte des Teiches angekommen, werden sich Architekturliebhaber gar nicht sattsehen können – an den herrlich weißen Jugendstilvillen, die man vom Land aus überhaupt nicht sieht! Ebenso wenig wie die prachtvollen Gärten der Villen entlang des folgenden Leinpfadkanals. Die Paddeltour erlaubt also den einen oder anderen Einblick in ein geheimes Hamburg, das es ansonsten schafft, sich mit Mauern, Zäunen oder blickdichten Hecken perfekt von der Außenwelt abzuschotten.

Dabei sind die vielen Arme der Alster nicht das einzige ruhige Paddelgebiet Hamburgs – ebenso malerisch schippert es sich im Osten der Stadt über die Bille, beispielsweise ab dem Bootshaus in Bergedorf nach Reinbek und weiter zum Mühlenteich direkt am Bergedorfer Schloss. Zwar fehlt es hier an Villen, dafür gibt es aber umso mehr Natur und im Bergedorfer Gehölz hinter der Pionierbrücke sogar die beste Möglichkeit, in aller Ruhe zu picknicken.

Paddeln für Anfänger

Eine Paddeltour ganz anderer Art bietet die Elbinsel Wilhelmsburg, denn dort gibt es neben viel Grün auch Einblicke in eine Industriekultur, die in Hamburg einzigartig ist. Empfehlenswert ist der Kanu-Verleih am Anleger Vogelhüttendeich und die Strecke in Richtung des Ernst-August-Kanals, der selbst ein alter Industriekanal ist, gut erkennbar an den zahlreichen Hafencontainern am Ufer. Ist die durchaus postkartentaugliche Dove Elbe erreicht, wird auch manch eingefleischtem Fan von Nord-Hamburg klar, dass es selbst südlich der Elbe ganz hübsch sein kann.

IM NORDEN HAMBURGS

Wasser, wohin man auch sieht

Lage:
Hamburgs Kanäle sind so zahlreich und vielfältig, dass eine große Auswahl besteht, zum Beispiel an der Alster in Winterhude, Eppendorf und Uhlenhorst, an der Bille in Bergedorf oder an den Kanälen der Dove Elbe in Wilhelmsburg. Im Allgemeinen sind alle Bootsverleihe gut mit öffentlichen Verkehrsmitteln erreichbar. Häufig gibt es ebenfalls Anlegestellen entlang der Kanäle, falls man eine Pause einlegen möchte.

Aktivitäten: Kanu- oder sonstige Bootsdurch durch Hamburgs Kanäle, je nach Zeit und Lust nur für eine Stunde, mehrere Stunden oder eine lange Sightseeing-Tour mit mehreren Pausen für einen ganzen Tag

Bootsverleih: An vielen beliebten Kanälen findet sich mindestens ein Bootsverleih – die Frage ist also, wo man beginnen und hinpaddeln möchte. Eine Auswahl an Verleih-Stationen und Preisangaben findet sich unter: *hamburg.de/bootsverleih-kanuverleih-hamburg*

27 King of my Castle

IN SCHLOSS AHRENSBURG

Ist Hamburg selbst recht Schloss-arm, erhebt sich nur 30 Kilometer nordöstlich der Stadt das blütenweiße Wasserschloss von Ahrensburg. In einem der wenigen noch existenten Renaissancegebäude Schleswig-Holsteins erleben Besucher heute unter anderem, wie es sich dort ab dem 16. Jahrhundert fürstlich lebte.

IM NORDEN HAMBURGS

Wer schon einmal Schloss Glücksburg bei Flensburg besucht hat, dem wird die Ähnlichkeit mit Schloss Ahrensburg sofort auffallen: Beide sind so weiß, als wären sie soeben der Kochwäsche entnommen, beide spiegeln sich in den Wassergräben. Und beide sind mehrfach gestaffelte Häuser beziehungsweise Dreifachhäuser, was damals typisch für schleswig-holsteinische Architektur war. Das ursprüngliche Herrenhaus mit seinen auffälligen Türmen wurde um 1585 fertiggestellt, und zwar im Auftrag von Peter Graf Rantzau. Schlendert man durch die Räume mit ihren teils holzvertäfelten Wänden, mit Mahagoni-Esstisch, Meissner-Porzellan, Himmelbetten und viel weiterem Pomp, ist leicht vorstellbar, dass es sich hier ganz gut lebte. Jedoch ist heute nur noch wenig erhalten von den ersten beiden Jahrhunderten der Familie Rantzau – die meisten Möbel und Dekorationen entstammen der Zeit der Schimmelmanns, denn im Jahre 1759 kaufte Heinrich Carl Schimmelmann das Anwesen. Der Lehnsgraf und dänische Schatzmeister war ein sogenannter bürgerlicher Aufsteiger und nach dem Sechsergespann am Eingang sowie der üppigen Rokoko-Treppe mit Stuckdecke ins Obergeschoss nicht gerade knapp bei Kasse.

Üppige Innenausstattung

Jedoch geht es beim Schlossbesuch nicht nur um die Reichen und Schönen, sondern auch um die „guten Geister", die das Anwesen unterhielten – die Dienstboten. Mitte des 19. Jahrhunderts beispielsweise sollen die Schimmelmann-Nachkommen bis zu 20 Dienstboten beschäftigt haben, die nicht nur wuschen, putzten, Öfen heizten, kochten und Wasser schleppten, sondern die feinen Herrschaften auch noch bedienten. Teilweise wurden

Rokoko-Treppe

dort auch Leibeigene von den Ahrensburger Gutshöfen zur Arbeit eingesetzt. Manch einer kann sich heute kaum noch vorstellen, dass ein Dienstmädchen Dutzende von Wassereimern ins Bad in den oberen Etagen schleppen musste, wenn der Graf sein tägliches Bad nehmen wollte. Ab 1850 existierte wohl fließendes Wasser, aber das war zunächst einmal kalt und musste in der Küche aufgeheizt werden. Bis in die 1920er-Jahre soll es außerdem noch keine Spültoiletten gegeben haben, sondern lediglich Torfmullklosetts, die per Holzfuhrwerk

Hübsch restaurierte Wandmalereien

in aller Herrgottsfrühe abgeholt wurden, bevor die Herrschaften zur Morgentoilette erwachten.

Fans von Edgar-Wallace-Filmen sollten beim nächsten Filmeabend mit „Der grüne Bogenschütze" genau hinschauen, wie Garre Castle aussieht – der Drehort war nämlich Schloss Ahrensburg! In „Die seltsame Gräfin" taucht es ebenfalls auf. Schlurft man in den am Eingang zur Verfügung gestellten Riesen-Hausschuhen durchs Schloss, wird die Vorstellung von einem Verbrechen in den schweigenden Räumen immer greifbarer – vielleicht im urigen Turmzimmer, im Schreibkabinett mit verspielter Stuckdecke oder im Blauen Wohnzimmer im Biedermeier-Stil, dem ein paar Blutspritzer durchaus etwas Farbe verpassen würden.

Lage:
Schloss Ahrensburg:
Lübecker Str. 1, 22926 Ahrensburg,
Tel.: 04102 42510

Anreise mit dem ÖPNV: Ab Hamburg Hauptbahnhof mit der Regionalbahn in Richtung Bargteheide bis Bahnhof Ahrensburg. Von dort weiter mit Bus 8110 in Richtung Bad Oldesloe bis Schloss Ahrensburg.

Öffnungszeiten: März bis Oktober: Dienstag bis Donnerstag und Samstag/Sonntag 11 bis 17 Uhr, Montag und Freitag geschlossen; November bis Februar: Mittwoch, Samstag/Sonntag 11 bis 17 Uhr

Eintritt: Erwachsene 8 EUR, ermäßigt (Schüler, Studenten, Auszubildende, Schwerbehinderte etc.) 5 EUR, Kinder (4 bis 14 Jahre) 3,50 EUR, Familien ab 12 EUR

Führungen: nur für Gruppen unter Voranmeldung möglich

Website: *schloss-ahrensburg.de*

HINWEIS: Im Museumshop kann man Bücher zum Schloss und seiner Geschichte erwerben.

Dove Elbe

Im Osten Hamburgs

28. Entenwerder 1: das schwimmende Café
29. Wasserkunst Kaltehofe: wo Hamburgs Trinkwasser herkam
30. Boberger Niederung: rund um Hamburgs letzte Wanderdünen
31. Schloss Bergedorf: Hamburgs letztes Schloss
32. Entspannung und Wassersport am Hohendeicher See
33. Dunkle Vergangenheit in der Gedenkstätte KZ Neuengamme
34. Freilichtmuseum Rieck Haus: das bäuerliche Hamburg
35. Riepenburger Mühle: nicht irgendeine Windmühle
36. Urlaubsfeeling auf dem Bauernhof
37. Das kleinste Restaurant der Welt?
38. Waldbaden im Sachsenwald und Forsthaus Friedrichsruh

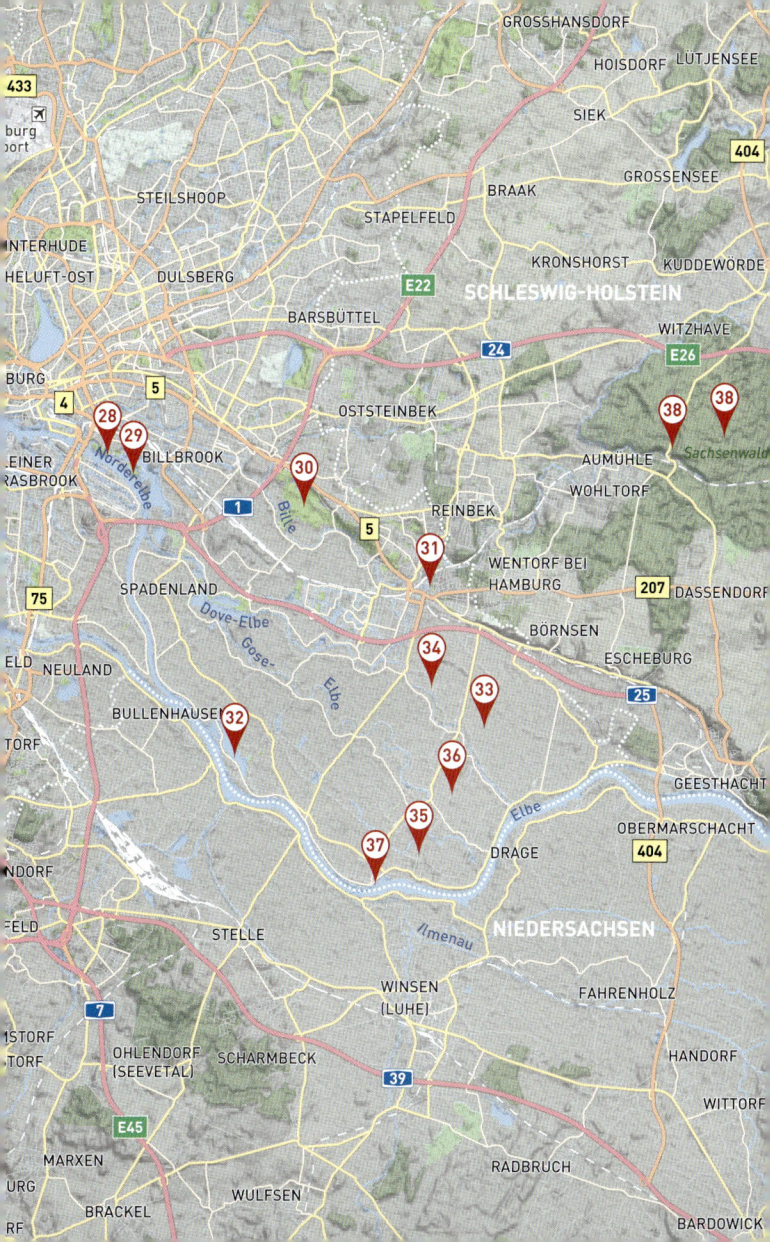

28 Entenwerder 1

DAS SCHWIMMENDE CAFÉ

Welcher Hamburger oder Hamburg-Besucher träumt nicht davon, bei echtem Hausboot-Feeling mitten auf der Elbe zu sitzen, dort ausgiebig zu frühstücken, hausgemachten Kuchen zu schlemmen oder bei Sonnenuntergang einen kühlen Drink zu schlürfen? All dies geht – auf einem Ponton an der Norderelbe.

IM OSTEN HAMBURGS

Wenige Hamburger und noch weniger Besucher haben das winzige Viertel Rothenburgsort östlich des Zentrums überhaupt auf dem Schirm. Was schade ist, denn dort liegt der halbinselähnliche Elbpark Entenwerder, in etwa zwischen der Billwerder Bucht und den Billhorner Elbbrücken. Das Areal, das einst als Zollinsel der Binnenschifffahrt diente und in den 1990er-Jahren ein Winterquartier für in Wohnwagen lebende Schausteller war, verwandelte sich erst 1997 zu einem der Öffentlichkeit zugänglichen Park. Doch es dauerte noch bis 2015, bis dieser Park auch ein ganz besonderes Café bekam – das Entenwerder 1. Besonders daran ist nicht nur, dass es auf einem zehn mal 60 Meter großen Ponton direkt auf der Elbe schwimmt, sondern auch dessen weithin sichtbarer, goldener und löchriger Pavillon in der Mitte.

Schickeria und Eleganz sucht man im Entenwerder 1 vergeblich. Finden tut man stattdessen Gemütlichkeit mit bunt zusammengewürfelten Möbeln. Und gerade gegen Abend eine ordentliche Prise Romantik, wenn sich die Sonne langsam bereit macht, hin-

Verborgene Schönheit Billwerder Bucht

Goldener Turm des Cafés

ter der Elbe zu verschwinden. Schreitet man die sanierte, extra herbei geschaffene Stahlbrücke hinab und nimmt an einem der niedrigen oder hohen Tische mit unverbautem Elbblick Platz, vor sich eine hausgemachte Limonade oder eines von mehreren Craft-Bieren, macht sich ganz schnell echtes Urlaubsfeeling breit. Doch das Beste: Das in Hamburg einzigartige Ambiente lässt sich nicht nur am Abend genießen und auch nicht nur bei strahlendem Sonnenschein, sondern von morgens bis abends und auch mal bei echtem Schietwetter – dann zieht man sich halt in einen der beiden rosafarbenen Container zurück, die das Café beheimaten. Ob samstags oder sonntags Frühstück mit Rührei, Croissants oder doch lieber Milchreis, ein einfaches Mittagessen wie Karotten-Ingwer-Suppe oder Pilzrisotto, ein sündiges Stück Kuchen am Nachmittag oder eine Kaffeespezialität wie Flat White oder einen Cappuccino mit reichlich Milchschaum – es gibt viele gute Gründe, es sich auf der Elbplattform auch mal etwas länger gemütlich zu machen. Nach der Anzahl der Fahrräder, die stets vor der Brücke lagern, zieht es besonders Radler nach Touren entlang der Elbe zu einem Absacker in das Ponton-Café.

Die Idee zu dem Café verdankt die City dem Hamburger Designer Thomas Friese und Tochter Alexandra, die den auffälligen Goldpavillon von einer Ausstellung in Münster in die Hansestadt holten. Doch der Ponton dient nicht allein der Erholung und Verköstigung der Gäste – dort richteten Vater und Tochter auch den gemeinnützigen Verein „Entenwerder Piraten" ein, um Kinder des Viertels mit dem Segeln vertraut zu machen. Kleine Gäste, die also nicht nur gerne auf einer Plattform auf dem Wasser treiben würden, sondern auf einem echten Segelboot, sind an der richtigen Adresse.

Lage:
Entenwerder 1:
Entenwerder 1, 20539 Hamburg,
Tel.: 040 7029 3588

Anreise mit dem ÖPNV: Mit der S21 ab Hamburg Hauptbahnhof bis S-Bahnhof Rothenburgsort und von dort knapp 20 Minuten (1,4 Kilometer) zu Fuß bis zum Park und zum Café – oder mit Bus 530 von Rothenburgsort bis zur Haltestelle Entenwerder Stieg. Von dort sind es nur noch wenige Minuten zu Fuß.

Öffnungszeiten:
- Montag bis Donnerstag 10 bis 20 Uhr, Freitag/Samstag 10 bis 21 Uhr, Sonntag 10 bis 19 Uhr
- Kommt man an Gutwettertagen spontan vorbei, vor allem am Wochenende, kann es schon mal eine Schlange an der Brücke geben, aber keine Sorge – normalerweise wird schnell wieder ein Platz irgendwo auf dem Ponton frei.

Website: *facebook.com/entenwerder1*

29 Wasserkunst Kaltehofe

WO HAMBURGS TRINKWASSER HERKAM

Es war kein Zufall, dass die Trinkwasseraufbereitung in Hamburg ausgerechnet im Jahr 1893 begann: Ein Jahr zuvor wütete in der Stadt nämlich die Cholera und die Notwendigkeit sauberen Trinkwassers war fortan nicht mehr wegzudiskutieren. So entstand die erste Wasserfiltrationsanlage an einem von der Elbe umgebenen und damit für die Wasserversorgung strategisch günstigem Ort – auf der Elbinsel Kaltehofe im Stadtteil Rothenburgsort. Geht man heute auf dem Deich spazieren, eröffnet sich schon aus der Ferne der Weitblick über die noch 20 von 22 erhaltenen Wasserbecken, die sich symmetrisch über eine längliche Wiesenfläche verteilen, ungefähr so groß sind wie Fußballfelder und eigentlich sogenannte „Langsamsandfilter" darstellen.

Geht man auf dem Deich der Elbinsel Kaltehofe spazieren, sind es eine Menge Wasserbecken inmitten der Natur und eine ansehnliche Villa, die bald ins Auge springen. Jedoch weiß nicht jeder, dass es sich hierbei um die Wasserkunst und ein Industriedenkmal handelt – und um den Ort, aus dem Hamburg von 1893 bis 1990 sein Trinkwasser bezog!

Doch ein Hingucker sind nicht nur die Wasserbecken, sondern auch die winzigen, insgesamt 40 Backsteinhäuschen mit spitzen Dächern, von denen jeweils zwei jedes Becken zieren. Dabei handelt es sich um „Schieberhäuschen", von Franz Andreas Meyer erbaut – tatsächlich auch Architekt der Speicherstadt! Die Instagram-tauglichen Häuschen hatten einst eine bedeutende Funktion, denn dort wurde

IM OSTEN HAMBURGS

das Wasser filtriert, sie waren Zu- und Abflussbrunnen. Das heißt, schmutziges Wasser kam ins erste Häuschen und wurde zunächst von Sand befreit, bevor es ins zweite Häuschen gelangte und gesäubert ins nächste Becken weiterfließen durfte.

Spaziert man weiter, erhebt sich bald der stolze Eingang zu diesem in Europa bis dato einmaligen Schauspiel – in Form einer Villa im Stil des Historismus. Sie beheimatete früher Büros des Hygienischen Instituts, heute den Beginn der Ausstellung sowie die „Werkstatt der Wasserkunst", die sich um Hamburgs Brunnen und Wasserspiele dreht. Und natürlich ein Café! Dessen Terrasse mit modernem, eher klotzartigem weißem Bau, an dessen Wänden Wasser hinabströmt, könnte keinen größeren Kontrast zur Villa selbst darstellen. Und kontrastreich ist auch das 44 Hektar große Areal – einerseits das geschützte Industriewahrzeichen, andererseits ein nicht zugängliches Naturschutzgebiet. Doch auch

Villa als Eingang zur Ausstellung

Naturschutzgebiet auf dem Areal

der Naturpark rund um Wasserbecken und Schieberhäuschen bietet genug Grün und Artenvielfalt, um Besuchern ein Fernab-der-City-Feeling zu vermitteln. Auf einem Naturerlebnispfad mit Barfußweg erzählen Infotafeln, was sich über die Jahrzehnte so alles auf dem Gelände angesiedelt hat. Dazu zählen neben über 280 Pflanzenarten auch jede Menge Insekten und bisher 44 verschiedene Vögel, darunter Kormorane, Haubentaucher, Blässhühner sowie Brandgänse, und auch mancher Zugvogel legt einen Zwischenstopp auf Kaltehofe ein. Drei der 20 Langsamsandfilterbecken haben sich mittlerweile sogar zu Biotopen entwickelt.

Altes Schieberhäuschen am Wasserbecken

Aber auch ein Mahnmal an ein Stück trauriger Geschichte der Wasserkunst darf nicht fehlen: Im Zweiten Weltkrieg wurden nämlich auch bei den Hamburger Wasserwerken Zwangsarbeiter und KZ-Häftlinge eingesetzt. Diese mussten trotz permanenter Unterernährung unter anderem die Sandfilter in Kaltehofe reinigen und andere schwere körperliche Arbeit verrichten.

Lage:
Wasserkunst Kaltehofe: Kaltehofe-Hauptdeich 6-7, 20539 Hamburg, Tel.: 040 7888 49990

Anreise mit dem ÖPNV: Mit der S21 ab Hamburg Hauptbahnhof in Richtung Aumühle bis S-Bahnhof Rothenburgsort und von dort weiter mit Bus 530 bis Station Schule Mittlerer Landweg. Von dort ist es nur noch eine Minute zu Fuß bis zur Wasserkunst.

Öffnungszeiten Industriedenkmal & Naturerlebnispfad:
Mittwoch bis Sonntag 10 bis 18 Uhr, Montag/Dienstag geschlossen

Eintritt: frei

Führungen: Es gibt verschiedene Führungen nach Themenbereichen:
- Wasser, Kunst, Geschichte (drinnen und draußen): Dauer eine Stunde, jeweils Sonntag 13 Uhr; keine Anmeldung erforderlich, Treffpunkt um 12:30 Uhr vor der Villa; 10 EUR, ermäßigt 5 EUR
- Führung über das Industriedenkmal (über das Außengelände): Dauer eine Stunde, an bestimmten Samstagen um 13 Uhr – die Website informiert über genaue Daten; keine Anmeldung erforderlich, Treffpunkt um 12:30 Uhr vor der Villa; 10 EUR, ermäßigt 5 EUR
- Führung über den Naturerlebnispfad: individuelle Buchung mindestens fünf Tage vor dem Wunschtermin; 10 EUR, ermäßigt 5 EUR

Öffnungszeiten Café: Samstag/Sonntag 10 bis 18 Uhr

Website: *wasserkunst-hamburg.de*

30 Boberger Niederung

RUND UM HAMBURGS LETZTE WANDERDÜNEN

Wer sie kennt, für den zählt sie meist zu den schönsten Naturorten Hamburgs – die Boberger Niederung mit Sahara-ähnlichen Dünen, Geest- und Waldlandschaften und großem Badesee. Und wem das noch nicht reicht, der kann vom Segelflugplatz nebenan einfach abheben.

IM OSTEN HAMBURGS

Boberger Badesee

Es ist leicht, sich in der Boberger Niederung in die Lüneburger Heide versetzt zu fühlen, aber Heidesträucher machen nur den ersten Eindruck aus! Die Boberger Niederung zählt nämlich zu den vielfältigsten Naturschutzgebieten Norddeutschlands und wartet neben Heide auch mit nassem Sumpf- und Moorbereich auf, mit Bruchwäldern, Feuchtwiesen, unterschiedlichen Gewässerarten, Hangwäldern und Orchideenterrassen. Um nicht das absolute Highlight zu vergessen: eine sich ganz überraschend am Wegesrand auftürmende Dünenlandschaft mit Hamburgs letzter Wanderdüne. Einst sollen sich die Dünen, die Winde am Nordufer des einstigen Elburstromtals hervorbrachten, vom Berliner Tor unweit des Hauptbahnhofs bis nach Bergedorf gezogen haben. Doch zwischen dem 19. und 20. Jahrhundert machten sich die Menschen den Sand vor allem zum Bauen zunutze, bis nur noch die heute sichtbaren Wanderdünen übrigblieben. Die Bezeichnung verdanken sie dem Umstand, dass sie ständig in Bewegung sind und sich pro Jahr etwa um zehn Zentimeter verschieben.

Am besten erkundet man die 1991 zum Naturschutzgebiet erklärte Niederung von fünf Kilometern Länge und anderthalb Kilometern Breite (beziehungsweise etwa 350 Hektar) auf vier Hauptwegen zu Fuß oder mit dem Fahrrad. Etwa 7000 Jahre soll

Naturschutzgebiet Boberger Niederung

das Areal alt sein. Sehr schön gemacht sind die mit verschiedenen Insekten oder Tieren bezeichneten Wege: Ein Moorweg, von einem Vogel gekennzeichnet, führt durch das Achtermoor, der Dünenweg mit Schmetterling durch die Dünen. Wer dem Hasen folgt, gelangt zum Wiesenweg in die Marschlandschaft, dem Hotspot für Vogelliebhaber: Hier wohnen und brüten zahlreiche Wiesenvögel, darunter Heidelerchen, Wachtelkönige und die Bekassine. Erklingt aus der Ferne ein ziegengleiches Meckern, sollte man genau hinschauen – die Bekassine wird nämlich „Himmelsziege" genannt, da sich ihr Ruf tatsächlich anhört wie Meckern. Auch ein in Hamburg eher selten anzutreffender Vogel ist in der Niederung zu Hause – das Braunkehlchen. Auf den vierten Pfad im Naturschutzgebiet weist passenderweise eine Blüte hin, denn es handelt sich um den Terrassenweg mit seinen Wäldern, Rasen und Hängen voller Orchideen. Unterwegs gibt es an Infotafeln immer wieder etwas zu lernen über Flora und Fauna. Wer es noch genauer wissen möchte, kann auch vom Info-Haus aus an einer Führung teilnehmen.

Ideal zum Spazierengehen und Radfahren

Oder man macht einfach gar nichts in der Boberger Niederung

und lässt am Badesee Rucksack, Fahrrad und am FKK-Strand auch gleich sämtliche Klamotten fallen und springt ins kühle Nass. Denn das ist an heißen Sommertagen genau das, was die meisten Hamburger dort tun. Wer sich das Ganze hingegen lieber mal von oben anschaut, kann sich am Segelflugplatz nebenan erkunden, wann sich die nächste Mitflieg-Gelegenheit anbietet (meistens am Wochenende und besser per Vorab-Buchung). Es macht Spaß, den Fliegern beim Abheben und Landen zuzuschauen, und in ihrer lautlosen Eleganz stören sie in keiner Weise die Idylle dieses Stück natürlichen Hamburgs.

Lage: zwischen den Stadtteilen Billwerder und Lohbrügge im Südosten

Anreise mit dem ÖPNV: Ab Hamburg Hauptbahnhof mit der S21 in Richtung Aumühle bis Station Mittlerer Landweg. Von dort gelangt man in etwa einem Kilometer bis zum Eingang der Boberger Niederung und kann sich einen Spazierweg aussuchen oder zunächst an den Badesee gehen.

Informationen zur Boberger Niederung:
- Boberger Dünenhaus: Dienstag bis Freitag 9 bis 13 Uhr, Sonn- und Feiertage 11 bis 17 Uhr; Boberger Furt 50, 21033 Hamburg, Tel.: 040 739 31266; Anfahrt: ebenfalls mit der S21 bis Mittlerer Landweg, von dort weiter mit Bus 221 bis Boberger Furtweg. Von dort sind es noch zwei Minuten zu Fuß. Wer an Führungen interessiert ist, sollte sich vorab nach den Zeiten erkundigen.

Website: *loki-schmidt-stiftung.de/stiftungsland/hamburg-modal/boberger-niederung.html*

HINWEIS: Es lohnt sich, zum Wandern geeignetes Schuhwerk anzuziehen, denn es handelt sich um Feld- und Waldwege, und auch das Laufen auf den Dünen ist nicht immer leicht (oft am besten barfuß).

31 Schloss Bergedorf

HAMBURGS LETZTES SCHLOSS

Man spricht über viele großartige Hamburger Gebäude – aber der Name „Hamburger Schloss" fällt dabei nie. Und doch wartet Hamburg mit einem einzigen erhaltenen Schloss im südöstlichen Stadtteil Bergedorf auf. Es beheimatet ein Museum und einen wunderschönen Park.

IM OSTEN HAMBURGS

Bergedorfer Schloss

Fährt man vom Zentrum Hamburgs Richtung Südosten, bleibt die städtische Bebauung bald zurück und macht Platz für die Vier- und Marschlande, Deutschlands größte Fläche an Blumen- und Gemüseanbaugebieten. Als deren städtische Metropole lässt sich Bergedorf an der Bille bezeichnen, der mit 65 Kilometern immerhin zweitlängste Fluss Hamburgs. Malerisch an der Bille liegt auch Bergedorfs Schloss, über dessen Anfangsgeschichte recht wenig bekannt ist. Wer es sich als einstigen Königssitz oder Heim sonstiger adeliger Würdenträger vorstellt, wird eher enttäuscht: Nur bis ins 15. Jahrhundert sollen die Herzöge von Sachsen-Lauenburg das um 1220 gegründete Gebäude bewohnt haben, danach diente es den Städten Hamburg und Lübeck, welche die Region eroberten, als Verwaltungssitz. Bedingt durch die günstige Lage zum Wasser und als Zentrum der ländlichen Region der Vierlande blieb Bergedorf erst einmal unter geteilter Herrschaft, bis Hamburg 1868 auch den Anteil Lübecks erwarb. Jedoch gilt es erst seit 1938, infolge des Inkrafttretens eines Groß-Hamburg-Gesetzes, offiziell als Hamburger Stadtteil.

Noch heute kann man eines schön sehen: Die Bille wurde rund um das Bergedorfer Schloss zu einem Wassergraben aufgestaut. Dies lässt darauf schließen, dass es zumindest anfänglich als festungsmäßige Schutzvorrichtung gedacht war. Über die Jahrhunderte muss es jedoch oft Wechsel sowohl von Besitzern als auch Verwendungszweck gegeben haben, was erklärt, warum das Schloss wie ein kleines Patchwork mehrerer Architekturstile wirkt. Die zwei Hauptflügel des insgesamt vierflügeligen Prachtbaus entstammen der Zeit zwischen Backsteingotik und

Besonders malerisch: der Schlossgraben

Backsteinrenaissance, während der dazwischenliegende Fachwerktrakt dem Jahr 1661 zugeordnet wird. Baufällig gewordene Teile wie Torbau, Turm und Nordflügel wurden im Laufe des 19. Jahrhunderts hingegen in dem damals vorherrschenden neugotischen- beziehungsweise Heimatstil ausgetauscht.

Das Innere sah viel Kommen und Gehen: Ein Raum stand zeitweise den für Bergedorf zuständigen Hamburger Senatoren offen, daneben beherbergte es gerichtliche Einrichtungen und eine Zeit lang auch die Polizei. Heute erleben Besucher im Museum für Bergedorf und die Vierlande auf zwei Stockwerke verteilt teilweise noch alte Deckenmalereien, intarsienverzierte Vertäfelungen, eine eingebaute Vierländerstube von 1685/87 sowie historisches Mobiliar. Besonders interessant ist das Landherrenzimmer von 1902 mit Vierländer Intarsien, eine Nachstellung der Verwaltung der einstigen Landherrenschaft Bergedorfs, einer traditionsreichen und wohlhabenden Region. Etliche oft aus privaten Zuwendungen stammende, historisch wertvolle Objekte vermitteln die Geschichte dieses vielfältigen Hamburger Stadtteils. Mit dem Anspruch, ein Museum zum Mitmachen zu sein, liegt ein Schwerpunkt auf der Förderung von einheimischen Künstlern und deren Präsentationen sowie auf aktuellen und sozialgeschichtlichen Themen. Um nicht das Schlossgespenst Hugo zu vergessen, das besonders gerne für Kinder durchs Schloss spukt!

Den Schlossbesuch rundet ein Spaziergang durch den Schlosspark ab, ein Landschaftsgarten, den der einstmalige Amtsverwalter Lindenberg, ebenfalls Botaniker, anlegte. Der Bevölkerung wurde er erst am Ende des 19. Jahrhunderts als Bürgerpark zugänglich gemacht und bis heute als solcher genutzt. Seit 1926 steht das Parkgelände sogar unter Denkmalschutz. Am entspanntesten genießt sich der Garten jedoch an einem Ort: auf der Terrasse des Schlosscafés bei einem leckeren Stück Kuchen.

Lage:
Schloss Bergedorf: Bergedorfer Schlossstraße 4, 21029 Hamburg, Tel.: 040 4289 12509

Anreise mit dem ÖPNV: Ab Hamburg Hauptbahnhof mit der S21 bis zum S-Bahnhof Bergedorf. Von dort sind es noch 600 Meter zu Fuß bis zum Schloss.

Öffnungszeiten: Dienstag bis Sonntag 11 bis 17 Uhr, Montag geschlossen

Eintritt:
- Erwachsene 5 EUR, ermäßigt 3,50 EUR, Kinder und Jugendliche unter 18 Jahren frei; Gruppen ab zehn Personen 3,50 EUR/Person
- Es ist möglich, ein Kombiticket für das Museum für Bergedorf und die Vierlande und das Rieck Haus zu erwerben: Erwachsene 7 EUR, ermäßigt 5 EUR. Teilweise finden im Bergedorfer Schloss auch spezielle Ausstellungen und Konzerte statt – darüber informiert die Website.

Website: *bergedorfer-museumslandschaft.de/ueber-uns/schloss*

32 Entspannung und Wassersport

AM HOHENDEICHER SEE

Er nennt sich sowohl Hohendeicher als auch Oortkatener See und ist mit 62 Hektar einer der größten Badeseen Hamburgs. Dort findet das Handtuch auf den Wiesen selbst an heißen Sommertagen oft noch Platz, und wer nicht nur schwimmen möchte, kann eine andere Sportart ausprobieren – sei es Segeln, Surfen oder Tauchen.

IM OSTEN HAMBURGS

Mit seiner Lage direkt hinterm Deich und an einer wenig befahrenen Straße ist er vielleicht nicht ganz so idyllisch wie viele kleinere Badeseen im Osten Hamburgs, aber dafür bietet er eine Menge Möglichkeiten – der Hohendeicher See im Stadtteil Ochsenwerder in den Vier- und Marschlanden. Im Grunde liegt er nur wenige Kilometer hinter der City, und doch kommt spätestens dann ein wenig Urlaubsfeeling auf, wenn man den kleinen Imbiss an der Westseite erreicht und mit einem kühlen Wasser oder Bier in der Hand über das bewegungslose Wasser schaut.

Viele Badestellen am See

Dort drehen höchstens mal ein paar Stockenten oder Schwäne ihre Runden, lassen sich Blässhühner oder mit etwas Glück auch Haubentaucher sehen.

Das Ostufer nehmen Campingplätze ein, während es Familien mit Kindern zu dem kleinen sandigen Strand am Südufer zieht. Turteltauben bleiben eher am Westufer und schlagen sich ins Gebüsch, und die Sonnenhungrigen nehmen die lange Wiese ein und springen vielerorts ins kühle Nass, wenn die Sonne zu unbarmherzig wird. Doch Chillen und Baden ist nicht alles, was der 1966 entstandene See hergibt – ein Baggersee, an dem sich die Menschen heute dank des damaligen Deichbaus und des dafür notwendigen Abbaus von Klei und Kies erfreuen dürfen.

Das Beste am Hohendeicher See ist nämlich ein so großes Sportangebot wie an keinem anderen See auf Hamburger Stadtgebiet. Besonders beliebt ist Windsurfen, denn Wind gibt es in Hamburg oft, und der Windsurfing Club der Stadt liegt praktischerweise direkt am See. Daneben gibt es eine Surfschule, die vor allem am Wochenende Schnupperkurse anbietet, denn wo lässt es sich leichter üben, überhaupt erst einmal auf dem Brett zu stehen, als auf einem ruhigen See vor der Haustür? Selbst ein Segelclub findet sich am Hohendeicher See, der manchmal sogar Regatten veranstaltet und für jedermann die Chance bietet, einen Segelschein zu erwerben. Wer sich lieber unter statt auf dem Wasser aufhält, freut sich über einen Unterwasser-Club, wo man sich statt im Schwimmbecken direkt im See im Tauchen und in der Nutzung der verschiedenen dafür nötigen Instrumente üben kann. Wer es einfacher mag, mietet ein Stand-up-Paddle und

Fisch-Spotting beim Tauchen

genießt vom Wasser aus die Aussicht auf viel Grün und manch ländliches Haus am Ufer.

Begeisterte Angler können sich hingegen vom Angelverband eine Gastkarte besorgen und ihren Köder auswerfen. Mit etwas Glück gehen sie nach einigen Stunden Geduld mit einem Karpfen, Rotauge, Zander, Flussbarsch, Hecht, Aal oder einem von vielen weiteren Fischen, die den See bevölkern, nach Hause. Und selbst im Winter herrscht am See nicht vollkommen tote Hose: Ist es mal kalt genug, ist Eisbaden im Hohendeicher See angesagt! Denn was die Finnen weiter nördlich können, das können die Hamburger erst recht!

Lage:
im Stadtteil Hamburg-Ochsenwerder, entlang des Overwerder Hauptdeiches

Anreise mit dem ÖPNV:
- Ab Hamburg Hauptbahnhof mit der S21 in Richtung Aumühle bis Station Tiefstack, dann weiter mit Bus 122 bis Fünfhausen und von dort gut 20 Minuten zu Fuß bis zum See, oder weiter mit Bus 422 bis Hohedeich (Feuerwehr).
- Wer ein Fahrrad hat oder mietet, kann mit der S21 bis Billwerder Moorfleet fahren und von dort aus radeln – das Industriegebiet endet nach wenigen Minuten, danach führt eine sehr schöne Strecke über den Alten Marschbahndamm und am Deich entlang zum See.

HINWEIS: Es gibt auch im Sommer keine Badaufsicht am See. Nur Personen, die wirklich schwimmen können, sollten ins Wasser gehen, denn es bestehen teils auch in Ufernähe Abbruchkanten, wo das Wasser überraschend tief wird. Kinder oder ungeübte Schwimmer können aber die flache Badestelle mit Strand am Südufer nutzen.

33 Dunkle Vergangenheit

IN DER GEDENKSTÄTTE KZ NEUENGAMME

Es ist Leere und Leblosigkeit, die man als Erstes beim Betreten des Ausstellungsgeländes verspürt. Zwischen verbliebenen Backsteingebäuden breitet sich eine weitestgehend freie Schotterfläche aus. Dabei umfasst die Gedenkstätte Neuengamme das gesamte historische Gelände des ehemaligen Konzentrationslagers von 57 Hektar, mit jedoch nur noch 15 Originalbauten. Drei ausgewiesene Rundwege berichten vom KZ-Leben und Leiden von 1938 bis 1945, wo zunächst nur Deutsche aus politischen oder antisemitischen Gründen untergebracht wurden, später auch Zehntausende aus ganz Europa. Man geht davon aus, dass 42.900 Menschen im Lager gezielt getötet wurden, sei es durch Vergasung, Krankheit, Unterernährung oder Misshandlung. Weitere 16.000 Insassen starben bei der Räumung zum Kriegsende, etliche auch bei Bombardierungen.

Jedoch dauerte es lange, bis Hamburg seine KZ-Vergangenheit in Form der heutigen Gedenkstätte akzeptierte: Als die Stadt 1945 besetzt und das Lager verlassen war, richtete dort zunächst die britische Besatzungsbehörde ein Internierungslager zur Klärung der Identitäten

> Freude macht es nicht, die Gedenkstätte Neuengamme, wo im Zweiten Weltkrieg das größte Konzentrationslager im Nordwesten Deutschlands stand, zu besuchen. Aber es ist eine wichtige Lektion über ein düsteres Kapitel Hamburger Geschichte: Dort waren insgesamt gut 100.000 Menschen inhaftiert, von denen über die Hälfte umkam.

Trauriger Weitblick

von Kriegsgefangenen ein. Hamburg konnte jedoch 1948 wieder über das Gelände verfügen und ließ dort ein Gefängnis errichten. Dafür riss man die Holzbaracken, wo einst die Lagergefangenen hausten, ab, und ersetzte sie durch neue Bauten. 1953 setzten Überlebende des Lagers allerdings durch, eine Gedenkplatte anzubringen, 1965 gefolgt von einem Mahnmal in Form einer schornsteingleichen Stele. Diese befindet sich im hinteren Teil der früheren Gärtnerei und trägt die Inschrift: „Euer Leiden, euer Kampf und euer Tod sollen nicht vergebens sein", davor steht die Skulptur eines sterbenden Häftlings. Besonders bedeutsam: Das Denkmal befindet sich unweit einer Rasenfläche, wo zu KZ-Zeiten die Asche toter Insassen als Dünger verteilt wurde.

Eine zweite Haftanstalt auf dem Lagergelände entstand 1970, doch nun erfolgte heftiger Widerstand aus der Bevölkerung: Es sollten keine weiteren Lagergebäude abgerissen und das gesamte Konzentrationslager als geschlossene Gedenkstätte erhalten werden. 1984 stellte man die verbleibenden Backsteinbauten endlich unter Denkmalschutz, darunter das Klinkerwerk und die Walther-Fabrik – ein Zulieferer der Rüstungsproduktion, wo die Lagerinsassen Zwangsarbeit leisteten.

Eingang zur Gedenkstätte

Zu sichtbaren Veränderungen kam es jedoch erst nach der Schließung der Gefängnisse 2003 und 2006: Erst dann beschlossen Stadt und Kulturbehörde die Umwandlung des historischen Geländes in eine Gedenkstätte. Flache Drahtkörbe mit dem Schutt der abgerissenen Gefängnisse markieren heute zwischen den verbliebenen Backsteinblöcken Stellen, wo die Holzbaracken der Lagerinsassen standen. Auf dem gesamten Areal veranschaulichen Hinweisschilder teils mit historischen Fotos, was nicht mehr sichtbar ist. Abgerundet wird dies durch die Hauptausstellung in einem der ehemaligen Häftlingsblocks mit Informationen, Dokumenten und Gegenständen.

Am Ende erwartet Besucher das Gedenkareal und sogenannte Haus des Gedenkens. Hat man beim Rundgang einen kleinen Eindruck dessen bekommen, was die Menschen im KZ erlitten, tritt man nun Gesichtern und Geschichten von Opfern entgegen. An den rot gestrichenen Zementwänden – die Blut und Feuer symbolisieren – sind vier Meter lange weiße Stoffbahnen befestigt, auf denen sich in der Reihenfolge der Todesdaten die Namen von im Lager verstorbenen Häftlingen aneinanderreihen. Vor einigen liegen Gestecke oder stehen Kerzen am Boden. Ein weiterer Raum enthält leere Stoffbahnen für die vielen weiteren Opfer, deren Identität nie geklärt wurde. Denn die Stätte betont letzten Endes einmal mehr, dass das Schlimmste wäre, Geschichte zu vergessen.

Lage:
KZ-Gedenkstätte Neuengamme:
Jean-Dolidier-Weg 75, 21039 Hamburg,
Tel.: 040 4281 31500

Anreise mit dem ÖPNV: Mit der S21 ab Hamburg Hauptbahnhof bis Bahnhof Bergedorf. Von dort erreicht man nach etwa fünf Minuten Fußweg die Bushaltestelle Am Bergedorfer Hafen und nimmt Bus 327 in Richtung Zwischen den Zäunen bis Haltestelle KZ-Gedenkstätte.

Öffnungszeiten: Montag bis Freitag 9:30 bis 16 Uhr, Samstag/Sonntag/Feiertage Oktober bis März 12 bis 17 Uhr, April bis September 12 bis 19 Uhr

Eintritt: frei

Website: *kz-gedenkstaette-neuengamme.de*

HINWEISE:
- Ein Besuch mit Kindern unter 12 Jahren wird nicht empfohlen! Für ältere Kinder/Jugendliche gibt es Lernmaterialien für Schule oder Selbststudium.
- Die Buchung von kostenpflichtigen Führungen ist möglich, entweder telefonisch oder über info@museumsdienst-hamburg.de
- Im Service-Point am Eingang befindet sich ein Buchladen, wo man viel Material zum KZ Neuengamme und der NS-Zeit bekommt, auch mit speziellem Hamburg-Bezug. Daneben gibt es eine kleine Cafeteria.

34 Freilichtmuseum Rieck Haus

DAS BÄUERLICHE HAMBURG

Das Freilichtmuseum Rieck Haus ist nicht nur eines der ältesten noch stehenden Bauernhäuser in ganz Norddeutschland. Es vermittelt auch einen wunderbaren Einblick in Hamburgs traditionelle Gemüsekammer, die Vier- und Marschlande im äußersten Osten der Stadt, in deren Traditionen und das frühere Bauernleben.

IM OSTEN HAMBURGS

Wüsste man bei der Anfahrt zum Freilichtmuseum Rieck Haus nicht, dass dieses noch in Hamburg steht, würde man es nicht glauben: Statt Menschengewusel, vielbefahrenen Straßen und mondänen Gebäuden dominieren Gewächshäuser, Wiesen, Felder und gemütliche Häuser, teils mit Reetdach. Aus dieser Landschaft erhebt sich am Curslacker Deich das Rieck Haus, ein norddeutsches Fachhallenhaus mit kleiner Windmühle, dessen ältestes Holzstück aus dem Jahr 1533 stammt und das veranschaulicht, wie das bäuerliche Leben früher aussah.

Alte Windmühle im Rieck Haus Museum

„Ein Fachhallenhaus ist eine in unterschiedliche Gefache aufgeteilte Halle", erklärt Dr. Schanett Riller, Leiterin der Bergedorfer Museumslandschaft, zu der das Rieck Haus zählt. „Es besteht aus einem Ständergerüst, die Wände dienen nur zur Zierde." Es gibt zwei Teile, den Wohnbereich der Bauern sowie den Altenteil, wo Eltern und Schwiegereltern Wohnrecht hatten. In der Küche wurde geschlachtet, an der Feuerstelle gekocht, im Alkoven schliefen Knechte oder Mägde. Bis in die 1980er-Jahre habe es aktive Milchwirtschaft im Rieck Haus gegeben. „Jetzt haben wir wieder Schweine – dänische Protestschweine!" Tatsächlich tragen sie die Farben Rot und Weiß zur Schau. Da die dänische Flagge im preußischen Holstein nicht gehisst werden durfte, habe man rot-weiße Schweine gezüchtet. Diese Tradition lässt der Vierländer Jürgen Vollentsen seit 2017 mit einer neuen Zucht an Protestschweinen wiederaufleben.

Doch nicht nur die gestreiften Schweine ziehen Besucher an, sondern auch übers Haus verteilte Schilder mit bekannten Redewendungen. „Ins Fettnäpfchen treten" steht auf Hoch- und Plattdeutsch auf einem Schild über einem leicht erkennbaren Fettnapf.

Authentische Innenausstattung

„Kaum einer weiß, dass die Hälfte aller Sprichwörter ihren Ursprung in Bauernhäusern hat", so Dr. Riller. Man habe neben dem Küchenofen Schinken oder Speck aufgehängt, der Fett schwitzte. Damit es nicht den Boden besudelte, fing man es in einem Napf auf und trat bei Dunkeln leicht hinein. „Jemandem etwas abknöpfen" kommt hingegen von den Silberknöpfen der Trachten – hatte man kein Bargeld dabei, wurde mit einem vom Ärmel abgeknöpften Silberknopf bezahlt.

Doch wer nun der Illusion erliegt, im Rieck Haus oder in den idyllischen Vier- und Marschlanden stünde die Zeit still, der irrt sich: „Alte Fachwerkhäuser arbeiten immer, sie stehen noch, weil die Zeit eben nicht stillsteht", betont Dr. Riller. Überhaupt bewege sich in den Vier- und Marschlanden mehr als im Zentrum. „Sie sind Hamburgs traditionelle Gemüsekammer, weil die Vierländer ganz schlaue Erfinder sind." Über mehrere Jahrhunderte hinweg habe man Landwirtschaft betrieben, Getreide angebaut und Bier gebraut, danach sei die Landwirtschaft von der Gartenbauwirtschaft abgelöst worden.

Die Ernteerträge mussten auf möglichst ruhigem Transportweg nach Hamburg gebracht werden – übers Wasser. Für den Transport warteten die Vierländer auf die ablaufende Elbflut, um mit vollbeladenem Boot und null Spritkosten zum Markt zu schippern. War die Ware verkauft, fuhr man mit zurückfließendem Wasser wieder aufs Land. „Es gibt wenige Regionen in Deutschland, wo die Bauern so reich waren wie hier", weiß Dr. Riller. Das habe sich an ihrer teuren und aufwendigen Tracht voller Stickereien und Silberknöpfe gezeigt, die Mitte des 19. Jahrhunderts entstand und ins Auge fiel: Einige Exemplare im Rieck Haus zeigen, dass die Röcke der Frauen kürzer waren als bei anderen Trachten, um mehr Bein zu zeigen. „Mit diesem leicht anrüchigen Aussehen wollte man auf dem Markt auffallen." Diese Tracht sei ein Qualitätssiegel für Obst und Gemüse aus den Vierlanden geworden, das man noch heute auf Hamburgs Märkten findet.

Info

Lage:
Freilichtmuseum Rieck Haus:
Curslacker Deich 284, 21039 Hamburg,
Tel.: 040 723 1223

Anreise mit dem ÖPNV: Mit der S21 ab Hamburg Hauptbahnhof bis Bahnhof Bergedorf und von dort aus mit Bus 327 bis zur Haltestelle Rieck Haus.

Öffnungszeiten: März bis Oktober Dienstag bis Sonntag 11:30 bis 17 Uhr

Eintritt:
- Erwachsene 4 EUR, ermäßigt 3 EUR, Kinder und Jugendliche unter 18 Jahre frei, Gruppen ab zehn Personen 3 EUR/Person
- Kombiticket für Rieck Haus und Museum für Bergedorf und die Vierlande: Erwachsene 7 EUR, ermäßigt 5 EUR
- Für Gruppen bis max. 15 Personen ist es möglich, einstündige Führungen durch das Rieck Haus zu buchen. Diese umfasst einen Rundgang durch das Bauernhaus und über das Außengelände, um Ausstellungsobjekte und -gebäude wie die Mühle, den Haubarg, die Scheune, den Schaugarten sowie weitere näher zu erklären. Wer sich entscheidet, allein durch das Museum zu schlendern, findet am Eingang in der Regel immer einen Mitarbeiter, der Fragen zum Haus und zu den bäuerlichen Traditionen der Vier- und Marschlande beantworten kann.

Website: *bergedorfer-museumslandschaft.de/ueber-uns/rieck-haus*

35 Riepenburger Mühle

NICHT IRGENDEINE WINDMÜHLE

Die Kornwindmühle im Herzen der Vier- und Marschlande gilt als älteste und größte auf Hamburger Stadtgebiet. Dabei ist die 1828 erbaute und zum Denkmal erklärte Mühle nicht nur ein Ausstellungsobjekt – mit dem passenden Wind mahlt sie noch immer, und manchmal führt ein waschechter Müller vor, wie das geht.

IM OSTEN HAMBURGS

stolze Mühle in der flachen Landschaft

Stolz erhebt sie sich aus der flachen Landschaft der Vier- und Marschlande – die dunkelbraune Riepenburger Mühle, deren breite Flügel sich bei ordentlichem Wind mal mehr, mal weniger schnell drehen, und zwar an etwa 60 Tagen im Jahr. Dies sind die kostbaren Momente, wenn sie auch heute noch Getreide zu Mehl verarbeiten. Ist dann zufällig Müller Axel Strunge zur Stelle, führt er gerne vor, wie genau das funktioniert. Bis 1991 pachtete er die Mühle gemeinsam mit einem Freund, doch nach einem Besitzerwechsel kaufte er sie schließlich 2001 und gründete den Mühlenverein.

„Bereits 1318 stand an dieser Stelle laut Dokumentationen die erste Mühle", erzählt Strunge. Sie habe zur Riepenburg gehört, einem Schloss am Elbdeich, und wurde nach einem Ritter benannt – nach Hermann Ribe, dem damaligen Besitzer. Doch es kam zu einer Schlacht, wodurch die Mühle 1420 an die Städte Hamburg und Lübeck fiel. Weil man mehr Leistung und Lagerfläche wollte, wurde 1828 die noch heute zu bewundernde Holländergaleriewindmühle mit Windgang erbaut. „Sie ist die älteste und auch die größte erhaltene Kornwindmühle Hamburgs und ihr Standort zählt zu den ältesten Deutschlands", versichert Axel Strunge. Was durchaus nicht selbstverständlich ist, denn der Spruch „Das Wandern ist des Müllers Lust" bezieht sich nicht etwa auf die Trekkingambitionen der Berufsgruppe. „Wenn an einem Standort nicht mehr genug Wind wehte, zerlegte der Müller seine Bockwindmühle und baute sie andernorts neu auf", weiß Strunge.

Neben der Kornmühle befindet sich noch eine kleine Ölmühle, wo traditionell eine kleine Menge Speiseöl produziert wird, darunter Hanf-, Walnuss- und Haselnussöl, Kokosnussöl und Schwarzkümmel. „Sie wurde errichtet, weil man nicht nur von einem Standbein leben konnte, wenn nicht genug Wind war", so Strunge. Besonders liegt dem gelernten Dachdecker und Klempner, der sich seit seinem vierten Lebensjahr für Windmühlen begeistert, am Herzen, dass die Mühle im ursprünglichen Sinne erhalten und nicht mit Bauernkitsch vollgestopft wird. „Es soll hier genauso riechen und schmecken wie damals. Man steht mitten in der Maschine, wie eine kleine Puppe im Puppenhaus, und das fasziniert mich."

Wie die 1939 unter Denkmalschutz gestellte Mühle Korn zu Mehl verarbeitet, erklärt Müller Strunge am dritten Sonntag des Monats oder bei gebuchten Führungen. Sollte beim Besuch nicht genug Wind herrschen, sodass sich die Flügel drehen, kann man sich dies dennoch einfach vorstellen – im Schatten der Mühle im 2002 eröffneten Mühlencafé. Die dortigen Torten und Kuchen

Willkommen in der Mühle

haben einen so guten Ruf, dass sich die zusätzlichen Kalorien absolut rechtfertigen lassen. Beispielsweise bei Plettentorte, Crème-brûlée- oder besonders beliebter Stachelbeertorte ohne Sahne, aber mit erfrischender Zitronencreme. Doch es gibt nicht nur Süßes. Das Café setzt auf norddeutsche Esskultur und echte Hausmannskost aus dem norddeutschen Garten, darunter je nach Jahreszeit Wirsingrouladen und Verschleiertes Bauernmädchen zum Nachtisch.

Lage:
Riepenburger Mühle:
Kirchwerder Mühlendamm 75a,
21037 Hamburg-Kirchwerder

Anreise mit dem ÖPNV: Mit der S21 ab Hamburg Hauptbahnhof bis Bahnhof Bergedorf und von dort mit Bus 225 bis Haltestelle Krummer Hagen. Es folgen zwei Minuten Fußweg bis zur Mühle.

Öffnungszeiten: April bis Oktober Dienstag, Donnerstag 14 bis 18 Uhr, jeden ersten und dritten Sonntag im Monat 13 bis 17 Uhr oder nach Vereinbarung; Besichtigungen und Führungen: Axel Strunge, Tel.: 040 720 89 50, *Strunge@Bergedorf.de*

Eintritt: an Öffnungstagen frei, Spenden werden erbeten; spezielle Gruppenführungen: 2,50 EUR/Person

Restaurant:
- Mühlencafé: Donnerstag bis Samstag 14 bis 21 Uhr (ab 17 warme Küche), Sonntag 12 bis 19 Uhr

Website: *www.riepenburger-muehle.com*

HINWEIS: Im Inneren der Mühle kann man nicht nur die zum Mahlen des Getreides benutzten Geräte anschauen und Müller Strunge bei der Arbeit über die Schulter schauen, sondern auch zum kleinen Balkon unter den Mühlenflügeln hinaufklettern und einen schönen Ausblick genießen.

36 Urlaubsfeeling auf dem Bauernhof

Es ist ein Sonntagvormittag wie aus dem Bilderbuch – wenn auch aus einem, bei dem man sich nicht vorstellt, dass er ausgerechnet in Hamburg gemalt wurde: Unter einer mächtigen Eiche stehen Tische im Schatten verteilt, an denen Familien und Pärchen beim Frühstück oder Brunch sitzen. Auf der Weide davor entspannen braune Rinder um einen Baum herum, im Stall schräg gegenüber blöken Schafe. Kinder spielen oder schaukeln, während es die Erwachsenen immer wieder zum üppigen Buffet im Inneren des gemütlichen Hofcafés zieht. Wo unter anderem auf dem Hof produzierte Bio-Leberwurst ausliegt, aber auch hausgemachter Quark in Schälchen, rohe Tomaten und Gurken aus dem Hofgarten sowie frisches Obst nach Saison.

Urlaub auf dem Bauernhof machen oder einfach auf einem Bauernhof frühstücken oder grillen, und das in einer Metropole wie Hamburg? Geht! Auf dem Bio-Bauernhof Eggers in den Vier- und Marschlanden. Statt Verkehrslärm und Hektik sind Stille und Zurücklehnen angesagt, statt Fast Food hausgemachte Bio-Speisen.

Schon seit 1628 ist der Hof in Familienbesitz. Der heutige Besitzer und Gartenbauingenieur Henning Beeken übernahm ihn 2012 von seinem Onkel. „Die Gebäude sind seit 1942 denkmalgeschützt, darunter das älteste Wirtschaftsgebäude Hamburgs von 1535, ein alter Speicher, der heute ein kleines Werkzeugmuseum beheimatet", berichtet Beeken. Überhaupt weisen die Landschaften der Vier- und

Marschlande mit über 200 geschützten Häusern eine ungewöhnlich hohe Denkmaldichte auf, von denen einige auf Hof Eggers stehen. Doch es geht dem Landwirt nicht nur um Gebäude-, sondern auch um Landschaftsschutz, darunter die großen Eichen.

„Wir betreiben seit 1991 biologischen Landanbau und bieten unseren Gästen nur Fleisch vom Hof an", erzählt er. Bei ihm kaufen die Hamburger und Menschen aus dem Umland Bio-Fleisch, und wer die Dorfidylle länger als nur beim Lebensmitteleinkauf, Frühstück oder einer anderen Mahlzeit genießen möchte, mietet sich in eine der vier Ferienwohnungen ein. „Wir geben Besuchern die Gelegenheit, das Leben auf dem Bauernhof kennenzulernen und die Kühe, Schweine, Schafe, Kaninchen und anderen Tiere zu füttern." Das Projekt sei mit EU-Mitteln unter „Urlaub auf dem Bauernhof" gefördert.

Denkmalgeschütztes Bauernhaus

Streichelzoo für Kinder

Unter den alten Eichen und beim Vogelgezwitscher ist leicht vergessen, dass Hamburgs Zentrum nur eine halbe Autostunde entfernt liegt. Man möchte das Handy ausschalten, die Uhr ablegen. Doch steht die Zeit hier wirklich still? Beeken lächelt. „Wir haben einen Slogan auf unserer Internetseite, der lautet

IM OSTEN HAMBURGS

Reetgedecktes Wohnhaus

Toilettengang wie früher

‚Hof Eggers, eine Insel im Strom der Zeit'." Denn eine Insel werde von Zeit und Gezeiten auch immer ein wenig angepasst. Vor allem mit den Verdienstmöglichkeiten müsse man sich der Zeit anpassen, was allein durch die Landwirtschaft nicht mehr möglich sei. Und unter anderem diesem Umstand ist zu verdanken, dass immer mehr Besucher mit Landluft in der Nase auf dem Bauernhof schlemmen oder in dem denkmalgeschützten Reetdachhaus schlafen.

Kaum ein anderer Ort innerhalb von Hamburgs Stadtgrenzen zeigt so schön, wie nah Stadt- und Landleben beieinanderliegen. Und wer nun neugierig ist, woher der Name Vierlande eigentlich stammt – ganz einfach daher, weil es früher vier Inseln gab: Cuslack, Kirchwerder (wo auch Hof Eggers liegt), Neuengamme und Altengamme. Heute sind die Vier- und Marschlande eine gewachsene Kulturlandschaft, entstanden aus einem Zusammenwirken von Mensch und Natur, die Besuchern erlaubt, mal wieder zur Ruhe zu kommen.

IM OSTEN HAMBURGS

Lecker essen im Bauernhof-Restaurant

Lage:
Hof Eggers: Kirchwerder
Mühlendamm 5, 21037 Hamburg-
Kirchwerder, Tel.: 040 723 77 385

Anreise mit dem ÖPNV: Mit der S21 ab Hamburg Hauptbahnhof bis Bahnhof Bergedorf und von dort mit Bus 225 bis zur Haltestelle Ost-Kraueler Bogen. Von dort sind es noch etwa zehn Minuten zu Fuß bis zum Bauernhof.

Öffnungszeiten (des Hofcafés): Donnerstags bunter Kindertag mit Aktivitäten für Kinder von 13 bis 18 Uhr; im Sommer Freitag 15 bis 20 Uhr „Sommerabend auf Hof Eggers" mit Grillen; ganzjährig Samstag/Sonntag 10 bis 18 Uhr Frühstück, warme Speisen und Kuchen

Website: *hof-eggers.de*

HINWEIS: Im Rahmen eines Hofcafé-Besuchs besteht auch die Möglichkeit, die historischen Gebäude zu bewundern und verschiedene Tiere zu sehen und ggf. (für Kinder) zu streicheln. Außerdem gibt es Spielmöglichkeiten wie eine Schaukel. Führungen zur Geschichte des Hofes sind ebenfalls möglich und sollten vorab gebucht werden unter Tel.: 040 723 0337 (Georg Eggers).

37 Das kleinste Restaurant der Welt?

Gerne nennt es sich „das kleinste Restaurant der Welt" – das Pegelhäuschen am Zollenspieker Fährhaus am südlichsten Zipfel Hamburgs. Ob das wirklich stimmt, ist nicht belegt, fest steht aber, dass es mit Platz für zwei Personen das kleinste Restaurant Hamburgs sein dürfte.

IM OSTEN HAMBURGS

Das Zollenspieker Fährhaus

Zugegeben, von außen sieht es nicht ganz so spektakulär aus – das erstmals 1880 erbaute Pegelhäuschen aus dunklem Holz, das sich von einem winzigen Elbstrand auf einem Backsteinsockel in die Höhe reckt und zu dem oben ein winziger Steg vom Zollenspieker Fährhaus hinüberführt. 1992 musste das Original abgerissen werden, konnte aber dank Spenden in seiner ursprünglichen Form wiederaufgebaut werden. Romantiker, die einen exklusiven Lunch oder ein besonderes Dinner genießen möchten mit eigenem Kellner und einem 4-Gänge-Menü mit Aperitif, Wein und Kaffee, sollten frühzeitig buchen – das Häuschen ist in der Regel Monate im Voraus ausgebucht. Doch ist der lang ersehnte Schlemmertermin gekommen und man die in hellem Holz gehaltene Stube mit üppig gedecktem Tisch und Kerzen darauf betritt, steht dem romantischen Mahl nichts mehr im Wege – natürlich bei unverbautem Elbblick und mit etwas Glück abends sogar noch mit Sonnenuntergang. Was auf den Tisch kommt, weiß das verliebte Pärchen bis zuletzt nicht: Die angekündigten vier Gänge bestehen nämlich aus einem Überraschungsmenü! Nur um eines muss man sich keine Gedanken machen – dass man eventuell nicht satt werden könnte.

Außen am Pegelhäuschen lässt sich anhand einer Messlatte beziehungsweise Wasserstandsanzeige ablesen, wie hoch das Elbwasser steht – daher auch der Name „Pegelhäuschen". Hat es mit der Reservierung für ein hochromantisches Dinner for Two nicht geklappt, braucht man dennoch nicht allzu traurig zu sein – auch das Restaurant im historischen Gebäude des Zollenspieker Fährhauses, zu dem das Pegelhäuschen gehört, serviert leckere Gerichte und öffnet im Sommer seinen Biergarten mit Elbterrasse unter Schatten spendenden Kastanien. Das Fährhaus, das hanseatische Geschichte geschrieben hat, ist noch älter als das erste Pegelhäuschen, wurde nämlich 1775 erbaut, wobei die Grundmauern sogar aus dem Jahr 1252 stammen sollen. Früher galt das Fährhaus als Knotenpunkt der Schifffahrt, denn zwischen dem 13. und dem 19. Jahrhundert beheimatete es die Zoll- und Fährstätte. Das heißt, dort wurde Zoll von Schiffen, die in Richtung Hamburg fuhren, kassiert. Als dieser 1836 ein Ende fand, verkaufte man das Gebäude, es bekam einen zusätzlichen Tanzsaal und wurde als Gaststätte sowie Veranstaltungsort und Hotel restauriert. Bei gutem Wetter kann man von der Terrasse

Traumlage an der Elbe

an einer der ältesten Elbfährstellen Hamburgs stundenlang zuschauen, wie Frachtschiffe und Boote auf der Elbe vorbeigleiten – fast wie am Willkomm-Höft in Wedel, nur, dass es keine gehissten Flaggen gibt und keine Nationalhymnen gespielt werden. Aber die kann man sich ja einfach dazu denken.

Lage:
Zollenspieker Fährhaus & Pegelhäuschen: Zollenspieker-Hauptdeich 141, 21037 Hamburg,
Tel.: 040 793 1330

Anreise mit dem ÖPNV: Mit der S21 ab Hamburg Hauptbahnhof bis Tiefstack und von dort mit Bus 224 in Richtung Bahnhof Bergedorf bis zur Haltestelle Kirchenheerweg. Von dort sind es gut 13 Minuten zu Fuß bis zum Zollenspieker Fährhaus.

Öffnungszeiten des Zollenspieker-Fährhaus-Restaurants: Montag bis Freitag 12 bis 15 Uhr und 17:30 bis 21:30 Uhr, Samstag 12 bis 21:30 Uhr, Sonn- und Feiertage 12 bis 21 Uhr; zusätzlich gibt es eine gemütliche Kaminbar: Sonntag bis Donnerstag 17 bis 1 Uhr, Freitag und Samstag 15 bis 2 Uhr; für eine Reservierung im Pegelhäuschen anrufen, Online-Reservierung ist nicht möglich!

Website: *zollenspieker-faehrhaus.de/gastronomie/das-pegelhaeuschen*

HINWEISE:
- Da das Pegelhäuschen meist lange im Voraus ausgebucht ist, sollte man den Besuch frühzeitig planen. Einmal gebucht und bezahlt, ist eine Stornierung jedoch nicht mehr möglich.
- Neben dem gastronomischen Erlebnis und dem Erholungsfaktor bietet sich das Restaurant Zollenspieker Fährhaus auch als Ausgangspunkt für Ausflüge in die Vier- und Marschlande an, beispielsweise zur nahegelegenen Riepenburger Mühle oder zum Hof Eggers.

38 Waldbaden im Sachsenwald

UND FORSTHAUS FRIEDRICHSRUH

Er ist mit fast 70 Quadratmetern der größte in sich geschlossene Wald Schleswig-Holsteins: der Sachsenwald hinter der östlichen Stadtgrenze Hamburgs. An das Waldgebiet schmiegt sich das Forsthaus Friedrichsruh, wo einst die Hamburger Boxlegende Max Schmeling trainierte – und wo man heute fein diniert oder naturnah schläft.

IM OSTEN HAMBURGS

Das Forsthaus Friedrichsruh

Schlendert man durch den riesigen Sachsenwald, der neben Laubbäumen wie Eichen, Birken und Buchen auch Nadelbäume beheimatet, darunter Kiefern, Lärchen und Douglasien, kann man es sich schon ganz gut vorstellen: Dort wuchs vor vielen Tausend Jahren ein Urwald, der von Niedersachsen bis zur Ostsee reichte. Ein wahres Naturgeschenk – das Kaiser Wilhelm I im Jahr 1871 Otto von Bismarck überreichte, und zwar als Dank für dessen herausragende Bemühungen um die Gründung des Deutschen Reiches. Noch heute dürfen Bismarcks Nachfahren einen Großteil des Waldes ihr Eigen nennen – und der Reeder Eberhard von Rantzau seit 2003 zumindest ein Drittel davon. Mit ein wenig Glück kann man aus der Ferne Rot- oder Damhirsche sowie Rehe beim Grasen beobachten. Fast noch spannender ist allerdings, dass sich vor ein paar Jahrzehnten ein wahrer Krimi in dem Wald abspielte: Die RAF unterhielt nämlich unweit des Sägewerks ein geheimes Waffendepot voller Maschinenpistolen, Revolver und weiterer Schätze. 1982 verhaftete die Polizei dort den Terroristen Christian Klar und versetzte dem Lager das Aus.

Kommt nach dem Waldspaziergang Hunger auf, bietet die Region eine ganz besondere Einkehrmöglichkeit: das 1874 errichtete Forsthaus und Restaurant Friedrichsruh. Dieses serviert neben norddeutschen Spezialitäten und Fusion-Küche mit mediterranem oder asiatischem Touch vor allem köstliche Wildspezialitäten aus dem Wald nebenan. Doch lange bevor Gäste an hübsch gedeckten Tischen dinierten, flogen im Forsthaus die Fäuste! In den 1930er-Jahren bekam nämlich der berühmte Hamburger Boxer Max Schmeling die Erlaubnis, in dem gemütlichen weißen Haus am Waldrand zu trainieren. Dafür ließ die Familie Bismarck eigens eine große Halle mit holzgetäfelten Wänden errichten. Diese sind bis heute erhalten und hängen voller Bilder von Max Schmeling in Action – die Gäste beim Essen in aller Ruhe bewundern können, denn der Saal dient als Haupt-Speiseraum. Sitzt man bei schönem Wetter hingegen auf der großen, vom Wald umgebenden Terrasse, scheint die lange Halle fast wie ein Museum zum Gedenken an den 2005 verstorbenen Sportler, der von 1930 bis 1932 Boxweltmeister im Schwergewicht wurde.

Doch im unter Denkmalschutz stehenden Forsthaus mit Kaminzimmern für kalte Tage kann man nicht nur lecker essen und Max

Max Schmelings einstige Boxhalle

Schmelings gedenken – es bietet auch Übernachtungsmöglichkeiten. Entwder im hübschen Roten Haus gegenüber, in einer Ferienwohnung mit Kamin, in einem großen Fachwerkhaus oder aber mitten im Wald. Beim Waldspaziergang stößt man nämlich immer wieder auf mysteriöse Holzplattformen mit zeltartigen Objekten darauf sowie mit Bank und Feuerstelle davor. Im Forsthaus erfährt man dann, dass es sich um die sogenannten „Waldkorb-Schlafkanzeln" handelt. Auf dem Programm: nächtliches Waldbaden für zwei in einem geräumigen Strandkorb mit verschließbarem Verdeck und Sichtfenstern, um die Sterne auch im Schutz eines Daches zum Greifen nahe zu haben.

Lage:
Forsthaus Friedrichsruh: Ödendorfer Weg 5, 21521 Friedrichsruh, Tel.: 04104 6992 899

Anreise mit dem ÖPNV: Mit der S21 ab Hamburg Hauptbahnhof bis Aumühle und von dort mit Bus 433 in Richtung Trittau/Famila bis zur Haltestelle Friedrichsruh, Bismarck-Museum. Von dort sind es nur noch gut 200 Meter zu Fuß bis zum Restaurant und auch zum Beginn des Sachsenwaldes mit schönen Wanderwegen.

Öffnungszeiten: Freitag 17 bis 21 Uhr, Samstag/Sonntag 11 bis 21 Uhr, Montag bis Donnerstag geschlossen. Jeden Sonntag gibt es einen umfassenden Brunch von 11 bis 14:30 Uhr. Eine Tischreservierung empfiehlt sich sowohl mittags als auch abends.

Aktivitäten: Der Sachsenwald bietet sich für Waldspaziergänge oder längere Wanderungen an, stets mit der Möglichkeit zu Tierbeobachtungen. Über die verschiedenen Wanderwege und daran befindlichen Sehenswürdigkeiten informiert die Sachsenwald-Website: *sachsenwald.de/wanderwege.html*. Daneben kann man im Wald ebenfalls auf speziell angelegten Wegen reiten.

Website: *forsthausfriedrichsruh.de*

Blick auf die Skyline von Hamburg von Wilhelmsburg aus

Im Süden Hamburgs

39. Veddeler Fischgaststätte: weniger ist mehr
40. Auswanderermuseum BallinStadt: „Von Hamburg in die Welt"
41. Energieberg: von der Mülldeponie zum Naherholungsgebiet
42. Der Energiebunker in Wilhelmsburg
43. Bunthäuser Spitze: Wanderung zu Hamburgs kleinstem Leuchtturm
44. Rundgang durch die Zeiten: das Archäologische Museum
45. Spaziergang vom historischen zum modernen Harburg
46. Wildpark Schwarze Berge: mehr als Tiere hinter Gittern
47. Freilichtmuseum am Kiekeberg: Geschichte zum Anfassen
48. Fischbeker Heide: Beginn des Heidschnuckenwegs
49. Radtour durch das Alte Land
50. So nah und doch weit weg: Hausbootübernachtung auf einem Elb-Arm

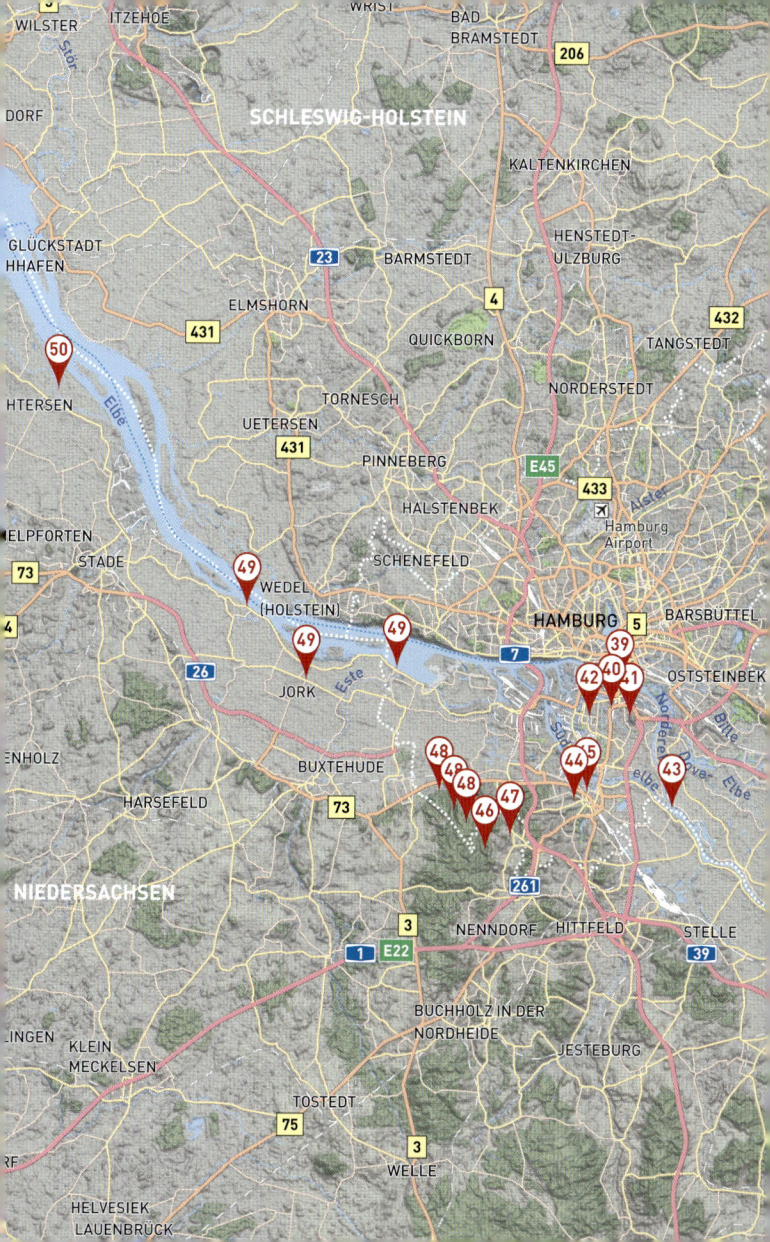

39 Veddeler Fischgaststätte

WENIGER IST MEHR

Wer Lust hat auf ein ausgedehntes Mittagessen mit einem figurfreundlichen Fischgericht in gemütlichem Ambiente ist in der Veddeler Fischgaststätte im winzigen und wenig bekannten Stadtteil Veddel zwischen City und Wilhelmsburg fehl am Platz. Schon von außen wirkt das weiße Häuschen mit brauner Holztür, das sich in einer Straße mit dem wenig verheißungsvollen Namen Tunnelstraße befindet, eher wie ein etwas komfortablerer Baucontainer als ein einladendes Restaurant. Drinnen erfolgt dann der 1950er-Jahre-Schock: alles ganz bieder, wenige Tische verteilt über den kleinen Raum, Omas „Dass-bloß-die-Nachbarn-nicht-reingucken-Gardinen" vor dem Fenster. Die Tapeten und Lampen sollen noch aus den 1960ern stammen. Und dennoch ist der Raum gefüllt von Stimmengewirr, fast jeder Platz ist besetzt und die Bedienungen hetzen mit vollen Tellern vom Tresen zum Tisch. Aus der Küche erklingt Klimpern und Scheppern, und wenn man ganz genau hinhört auch das Brutzeln von Backfisch und Pommes.

Sie gibt damit an, Hamburgs kleinste Speisekarte vorzuweisen – aber das wohl ganz erfolgreich. Die winzige Veddeler Fischgaststätte besteht nämlich bereits seit 1932 und ist stets voll. Trotz überschaubaren Charmes und Lage an einer Autobahnauffahrt! Was ist ihr Geheimnis?

Selbst wer im kleinen Garten Platz findet, hat nur Blick auf die zur Autobahn nebenan donnern-

IM SÜDEN HAMBURGS

den Lkw. Und die auf eine Tafel gekritzelte Speisekarte lässt sich als überschaubar bezeichnen: drei, fünf oder sieben Filetstücke, gebackene Scholle, Fischfrikadellen, frische oder saure Bratheringe und dazu als Beilage wahlweise Pommes oder Kartoffelsalat, gemischter Salat oder der hausgemachte Gurkensalat in weißer Tunke. Manchmal gibt es auch eine besondere Köstlichkeit: gebackenen Seelachs! Hat man seinen Teller leer gegessen, sollte man statt noch länger sitzenzubleiben und womöglich zu plaudern schleunigst verschwinden, denn die nächsten Gäste warten schon mit ungeduldigem Blick auf „Sitzenbleiber" darauf, einen Platz für ihre eigene fettige Fischmahlzeit zu erhaschen. Wer auch nur Anstalten macht, sich in der Schlange vorzudrängeln, wird schnell verbal drangsaliert.

Wie kann es also bei schlichtem Ambiente, eventuell längerer Wartezeit und kleiner Auswahl sein, dass sich vor der Tür zur Mittagszeit täglich eine lange Menschenschlange bildet – und bei

Andrang vor dem Restaurant

Das biedere Innere hat seinen Charme.

warmem Wetter auch vor der äußeren Essensausgabe auf der Mini-Terrasse? Laut der Inhaberin seit 2006, Marion Göttsche, besteht der Erfolg des Restaurants darin, dass seit Jahrzehnten wirklich nur aus der original Hamburger Fischbratküche überlieferte Rezepte umgesetzt werden. Schon der erste Biss in ein Stück saftigen Filets ist eine Offenbarung für den Genießer von historischem Backfisch – so fluffig und leicht wirkt die Kruste, dass man kurz vergisst, wie hüftfeindlich sie eigentlich ist.

Backfisch mit Kartoffelsalat

Fazit: Fischbrötchen gibt es in Hamburg gefühlt an

jeder Ecke, aber vernünftigen Backfisch findet man recht selten. Und so erklärt sich am Ende jedem, der zunächst noch an dem Lokal gezweifelt hat, warum die wohl älteste Fischgaststätte Hamburgs noch immer unter der Woche jeden Tag ihre Holztür ganz weit öffnet. Ganz einfach, weil der Fisch dort verdammt lecker schmeckt! Und halt so richtig hamburgisch.

Lage:
Veddeler Fischgaststätte:
Tunnelstraße 70, 20539 Hamburg,
Tel.: 040 786389

Anreise mit dem ÖPNV: Mit der S3 oder S31 ab Hamburg Hauptbahnhof in Richtung Neugraben bis Bahnhof Elbbrücken und von dort noch gut einen Kilometer zu Fuß (ca. 15 Minuten) bis zur Gaststätte. Nach dem eher schweren Mahl wird man sich sogar freuen, noch etwas laufen zu dürfen!

Öffnungszeiten: Montag bis Freitag 11 bis 17:45 Uhr, am Wochenende geschlossen

Website: *veddeler-fischgaststaette.de*

HINWEIS: Reservierungen gibt es in der Regel nicht – man kommt und stellt sich, wenn es voll ist, ganz einfach an. Meist dauert es jedoch nicht allzu lange, bis ein Tisch frei wird, vor allem, wenn in der warmen Jahreszeit auch noch der Garten für Gäste offensteht. Wer draußen essen möchte, stellt sich direkt bei der Essensausgabe auf der Terrasse an, bekommt bei Bestellung eine Nummer und wird gerufen, wenn das Essen fertig ist. Achtung: Bedienung am Tisch erfolgt nur im Inneren, aber nicht draußen. Man sollte sich hüten, allzu lange, bevor man bestellt hat, einen freien Tisch draußen zu belegen, dann wird man schnell angepöbelt von anderen, die ihr Essen eher bekommen werden und den Tisch dringender brauchen!

40 Auswanderermuseum BallinStadt

„VON HAMBURG IN DIE WELT"

Als Weltstadt zieht Hamburg nicht nur millionenfach Menschen an – gerade zwischen 1850 und 1934 war es auch eine Stadt, von der aus über fünf Millionen Menschen auswanderten. Im Museum bekommen unter anderem diese Menschen Gesichter und Geschichten.

IM SÜDEN HAMBURGS

Einst galten sie als „das größte Gasthaus der Welt" – die Auswandererhallen, in denen heute das Museum untergebracht ist. Die Gebäudewahl fiel nämlich nicht zufällig: Wo heute Besucher durch drei fast vollkommen stille Ausstellungshallen schlendern, füllten sich ab 1901 bald 30 Gebäude mit dem Stimmengewirr von bis zu 5000 Menschen. Dazu zählten Schlaf- und Speisesäle, aber auch eine Krankenstation, Kirche, Synagoge und sogar ein Musikpavillon. Doch viele der Auswanderer hatten nicht nur eine sehr lange Reise vor sich, sondern waren auch bereits über mehrere Tage angereist und müde. Sie blieben meist drei bis fünf Tage in den Hamburger Hallen, bevor es zum Passagierterminal am Großen Grasbrook ging – wo heute Kreuzfahrtschiffspassagiere einchecken – und von dort per Schiff nach Cuxhaven und hinaus aufs Meer. Benannt ist BallinStadt nach dem jüdischen Reeder und HAPAG-Generaldirektor Albert Ballin, der mit dem Bau der Auswandererhallen betraut war.

Innenansicht eines Schiffes

Die Reise von Besuchern des heutigen Auswanderermuseums beginnt in Halle 1 im „Hafen der Träume", denn das war Hamburg für viele Menschen, die von dort aufbrachen. Dass Ballin für diese Menschen einen Ort schuf, wo sie sich vor der großen Weiterreise ein wenig erholen und wohlfühlen konnten, mit außergewöhnlich guter Hygiene und sogar Musik und Ablenkung, hatte auch wirtschaftliche Gründe – je mehr Menschen in BallinStadt einen Zwischenstopp einlegten und mit der HAPAG weiterreisten, umso besser für das Unternehmen. Heute kann man auf einem zur Verfügung gestellten Computer in Halle 1 sogar nach den Namen von Verwandten suchen, die möglicherweise über Hamburg auswanderten.

Halle 2 symbolisiert „die Welt in Bewegung" mit dem Hauptteil der Ausstellung. Demnach ist Migration so alt wie die Menschheitsgeschichte. Wer lebt, der ist mobil, aus welchen Gründen auch immer – er zieht um im eigenen Land, teils in Nachbarländer, teils nach Übersee, jeder aus einem individuellen Grund.

Vielseitige Sprichwörter an den Wänden der Räume regen zum Nachdenken oder zustimmenden Nicken an, wie das deutsche Sprichwort „Träume und Gedanken kennen keine Schranken".

Ehemalige Auswandererhallen

Sie sind gemischt mit Aussagen von Auswanderern über ihre Motive, das eigene Land zu verlassen, wie das eines unbekannten Afghanen von 1988: „Meine Tochter soll lernen dürfen. Lesen und Schreiben. Und studieren. Wenn sie möchte." Vieles, was die Erklärungstafeln vermitteln, scheint direkt den aktuellen Nachrichten zu entspringen. Es geht um „Pull-Faktoren" als Ereignisse, die Menschen aus ihrer Heimat „fortziehen", seien es die Aussichten auf eine bessere Arbeit, Sicherheit oder ganz einfach Abenteuerlust. Demgegenüber umfassen die „Push-Faktoren" Druck durch äußere Begebenheiten wie Krieg, Verfolgung oder Umweltkatastrophen.

Je länger man durch die Halle schlendert, Aussagen und Geschichten verinnerlicht, desto stärker wiegt das Gefühl, das

Museum beschreibe gleichermaßen Vergangenheit und Gegenwart. Nur, dass der ausgestellte Schiffsnachbau aus dem 20. Jahrhundert im Vergleich zu heute im Meer treibenden Gummibooten geradezu luxuriös wirkt. Halle 3, „Lebenslinien und Sonderausstellung", veranschaulicht weiter Beispiele für die Vielfalt von Biografien und Auswanderungsmotiven – die Sonderausstellungen oft auch Themen wie Auswanderungszwang durch Liebe, beispielsweise zu einer gleichgeschlechtlichen Person. Und am Schluss stellt man sich zwangsläufig die Frage: Was hat einen selbst schon einmal zum Auswandern bewogen, oder welche Faktoren würden einen dazu bringen?

Lage:
Auswanderermuseum BallinStadt:
Veddeler Bogen 2, 20539 Hamburg,
Tel.: 040 319 79160

Anreise mit dem ÖPNV: Ab Hamburg Hauptbahnhof mit der S3 oder S31 Richtung Harburg Rathaus bis zum Bahnhof Veddel (BallinStadt). Von dort ist das Museum nur fünf Minuten zu Fuß entfernt.

Öffnungszeiten: März bis Oktober Montag bis Sonntag 10 bis 18 Uhr, letzter Einlass 17 Uhr, November bis Februar Montag bis Sonntag 10 bis 16:30 Uhr, letzter Einlass 15:30 Uhr

Eintritt: Erwachsene 13 EUR, ermäßigt 11 EUR, Kinder (5 bis 12 Jahre) 7 EUR, Familienkarte (zwei Erwachsene, zwei Kinder) 28 EUR, Kleinfamilie (ein Erwachsener, zwei Kinder) 21 EUR. Es gibt Rabatte für Inhaber der Hamburg CARD.

Website: *ballinstadt.de*

HINWEIS: Es gibt ein Restaurant mit Innenhof, falls man gerne mehrere Stunden im Museum verbringen und sich dann dort stärken möchte.

41 Energieberg

VON DER MÜLLDEPONIE ZUM NAHERHOLUNGSGEBIET

Er erhebt sich weithin sichtbar aus dem ansonsten flachen Stadtteil Wilhelmsburg, der größten bewohnten Flussinsel in Europa – der sogenannte Energieberg. Läuft man über den ringförmigen Weg von etwa einem Kilometer über eine Stelzenplattform und genießt umgeben von Wiesen und Sträuchern die Aussicht auf Hamburgs Skyline, kann man es sich kaum vorstellen: Zwischen dem Zweiten Weltkrieg und 1979 häufte sich an dieser Stelle teils giftiger Müll. Auch danach traten noch lange Gase aus, die es zu kontrollieren galt. Doch durch aufwendige Sanierungsarbeiten und die IBA Hamburg (Internationale Bauausstellung) gelang es schließlich, die einstige Mülldeponie in einen der Öffentlichkeit zugänglichen Prachthügel zu verwandeln. Samt Informationszentrum am Eingang und Multimediashow namens „Der gebändigte Drache", die über den langwierigen Verwandlungsprozess berichtet.

Bis Ende der 1970er-Jahre stapelte sich auf dem etwa 40 Meter hohen Hügel in Georgswerder alles von Hausmüll bis zu giftigen Industrieabfällen. Doch dann wurde die Mülldeponie in einem mühsamen Prozess verwandelt – in eine Zentrale für erneuerbare Energien und ein Naherholungsgebiet mit Traumblick.

Dabei erfüllt der Energieberg nicht nur den Zweck, den Hamburgern ein neues Ausflugsziel mit pittoresken Aussichtsspots zu schenken!

IM SÜDEN HAMBURGS

Bereits in den 1990er-Jahren begann der Bau von Windkraftanlagen auf dem künstlichen, stets recht windigen Hügel, was 2011 in einem topmodernen, leistungsfähigen 3,4-Megawatt-Windrad gipfelte, betrieben von der Stadtreinigung Hamburg. Die somit produzierte Windkraft und Sonnenenergie reichen für den Strom von 4000 Haushalten aus. Und nicht nur das, denn der Hügel macht seinem Namen „Energieberg" noch darüber hinaus alle Ehre: Auch aus seinem Inneren ist Energie zu gewinnen, denn innere Zersetzungsprozesse lassen Deponiegas mit hohem Methananteil entstehen. Dies kommt schließlich in Kupferhütten zum Einsatz.

Horizontenweg um den Energieberg

Besucher dürfen sich erst seit 2013 frei auf dem Gelände bewegen, dank Architekten, die einen Gestaltungswettbewerb des

Hohe Stelzen stützen den Besucherweg.

Hügels gewannen und den sogenannten „Horizontenweg" entwarfen. Der Blick reicht nicht nur über die gesamte Elbinsel, sondern auch bis zum Hafen, der Elbphilharmonie und den stolzen Kirchtürmen der Innenstadt. Für Menschen mit Höhenangst kann der Rundgang anstrengend werden, alle anderen genießen auch mal eine Pause und verinnerlichen die neue Perspektive auf die Metropole. Und auf das, was sich in Wilhelmsburg innerhalb der letzten Jahrzehnte getan hat – denn neben dem ebenfalls vom Rundweg gut sichtbaren Energiebunker ist dies bereits das zweite große Stadtteil-Projekt zum Thema erneuerbare Energie.

Ein Hingucker ist der Berg auch nachts. Selbst wenn er dann geschlossen ist, erstrahlt weithin sichtbar ein weißer Ring rund um den Energieberg, wie ein Heiligenschein zum Ausdruck dessen, was die aufwendige Umstrukturierung zu erreichen vermochte und noch immer vermag. Und als Hinweis auf eines der neuen, stolzen Wahrzeichen von Wilhelmsburg, das die weite Reise auf die Südseite der Elbe lohnenswert macht.

Lage:
Energieberg:
Fiskalische Straße 2, 21109 Hamburg,
Tel.: 040 2576 1080

Anreise mit dem ÖPNV: Ab Hamburg Hauptbahnhof mit der S3 oder S31 Richtung Harburg Rathaus bis zum Bahnhof Veddel (BallinStadt) und von dort weiter mit Bus 154 Richtung Harburg Rathaus bis Haltestelle Fiskalische Straße. Von dort ist es noch ein knapper Kilometer zu Fuß bis zum Energieberg. Auf dem Horizontenweg führt ein schöner Spazierweg von etwa einem Kilometer rund um den Berg.

Öffnungszeiten: April bis Oktober Dienstag bis Sonntag 10 bis 18 Uhr, letzter Einlass 17:30 Uhr, Montag geschlossen

Eintritt: kostenlos

Führungen: von April bis Oktober jeweils Freitag 15:30, Samstag/Sonntag 13:30 und 15:30 Uhr, an jedem ersten Samstag des Monats um 10 Uhr. Alle Führungen sind kostenlos und dauern 90 Minuten. Start am Informationszentrum.
Private Führungen (auf Deutsch/Englisch/Spanisch) sind nach Absprache möglich. Anfragen unter *energieberg@stadtreinigung.hamburg*

Website: *stadtreinigung.hamburg/ueberuns/service/energieberg-georgswerder/index.html*

42 Der Energiebunker

IN WILHELMSBURG

Zugegeben, der erste Blick hat den Effekt einer Faust im Auge. Schön ist das 2013 fertig restaurierte Überbleibsel aus dem Zweiten Weltkrieg noch immer nicht, dafür aber umso nützlicher, denn das heutige Ökokraftwerk beliefert über 1000 Haushalte mit Strom aus erneuerbaren Energien. Und bietet auf 30 Metern Höhe ein Café mit einem der schönsten Ausblicke Hamburgs.

Blick vom Energiebunker

Mitten aus einem Wohnviertel erhebt sich der 42 Meter hohe graue Betonklotz und erinnert daran, dass darin ab 1943 locker 1000 Menschen Schutz fanden – wenn mal wieder ein Luftangriff der Alliierten im Zweiten Weltkrieg anstand. Doch kurz nach dem Krieg, 1947, sprengten britische Besatzer das Innere und der Flakbunker blieb bis 2010 ein Schandfleck des Viertels. Dann kam die sogenannte Internationale Bauausstellung IBA nach Hamburg, und unter dem Gesichtspunkt, zukunftsprägende und umweltschonende Projekte für Hamburg zu realisieren, bekam auch der Kriegsklotz Aufmerksamkeit.

Gesagt, getan: Man funktionierte den Bunker bis 2013 unter Einhaltung der Richtlinien zum Denkmalschutz in ein nachhaltiges Kraftwerk samt Großwärmespeicher um, und zwar zur Versorgung der Elbinsel mit erneuerbarer Energie. Oder, wie es der heutige Betreiber, Hamburg Energie, nennt – in einen „Leuchtturm der Energiewende", der damit wie schon der Energieberg im Zeichen von Wilhelmsburgs zukunftsorientierter Energieversorgung steht.

IM SÜDEN HAMBURGS

Ein nützliches Ungetüm

Ganz außergewöhnlich ist jedoch vor allem eines: Der Energieanbieter teilt sich den nun nützlichen Koloss mit einem Café, dem „vju (Room with a vju)", das auf der Plattform in 30 Metern Höhe beweist, dass Schönheit nicht immer von innen kommt, aber manchmal auch von oben. Bei Latte Macchiato und Co. sowie leckerem Kuchen oder manchem Snack reicht der Blick an klaren Tagen nicht nur weit über die Elbinsel, sondern bis hinüber zum Hafen und zur Hamburger City mit Elbphilharmonie und den Türmen von Michel, St. Katharinen und vielen anderen Kirchen. Ein etwas düsterer Gang führt zu einem Lift, der den Besucher schnell in die Höhe transportiert, wo er aufatmet, den grauen, drei bis vier Meter dicken Wänden entkommen zu sein.

Mehrere Informationstafeln rings um den 360-Grad-Rundgang mit Aussicht garantieren jedoch, dass man nicht nur dem Traumblick verfällt, sondern durchaus auch noch mal zurückschaut – in die Zeit des Krieges – oder voraus in die Zukunft, denn teilweise ist auch das Energieprojekt Bunker beschrieben. Anlass zum Nachdenken geben Aussagen von Wilhelmsburger Bürgern, wie die eines Schuljungen von 2010: „An meinem ersten Schultag kam ich am Bunker vorbei. Ich hatte richtig Angst, ich dachte, der Bunker wäre meine Schule, weil er so groß und so grau ist. Ich würde da aber gerne mal reingehen." Ein Stück weiter prangt am Geländer mit Blick auf die Elphi eine Tafel mit den fetten Lettern

IM SÜDEN HAMBURGS

„Bomben" und einem Tagebucheintrag des Flaksoldaten Wilhelm Plog von 1945: „In den Morgenstunden ein neuer Angriff. Die Zahl der Bombentrichter in näherer Umgebung des Leitturms über 100. Eine Bombe glitt ab von der Wand, Volltreffer auf Geschützturmplattform, aber keine Verluste. Wilhelmsburg selbst ein Bild breitester Zerstörung."

Es fällt schwer, sich das beim idyllischen Blick über Grün und die intakte Skyline der Metropole vorzustellen. Doch bei Kaffee und Kuchen ist es zumindest schön daran zu denken, dass dieser Beweis trauriger Geschichte heute über 1000 Haushalte mit umweltfreundlicher Bunker-Energie sowie 1700 mit Wärme versorgt. Und dass dieses Vorzeigeprojekt locker an die 7000 Tonnen CO_2 pro Jahr einspart.

Lage:
Energiebunker: Neuhöfer Straße 7,
21107 Hamburg,
Tel. vju Café: 01515 270 1492

Anreise mit dem ÖPNV: Ab Hamburg Hauptbahnhof/Mönckebergstraße mit Bus 34 Richtung Kirchdorf Süd bis Haltestelle Neuhöfer Straße (Ost). Von dort sind es noch knapp 300 Meter zu Fuß zum nicht übersehbaren Bunker.

Öffnungszeiten: Samstag/Sonntag 11 bis 18 Uhr, Montag bis Freitag geschlossen

Website: *vjuimenergiebunker.de/energiebunker*

HINWEIS: Neben den Informationstafeln auf der Plattform besteht auch die Möglichkeit von Wochenendführungen zur Bunker-Geschichte vom Kriegsbauwerk zum innovativen Energiekraftwerk: Samstag/Sonntag 14, 15 und 16 Uhr. Treffpunkt: vor der Kaffeerösterei in der 8. Etage im Energiebunker; Erwachsene 3 EUR, Kinder und Jugendliche (unter 18 Jahren) kostenlos, Karten gibt es vorab im Café vju.

43 Bunthäuser Spitze

WANDERUNG ZU HAMBURGS KLEINSTEM LEUCHTTURM

Eben noch zeigte sich Wilhelmsburg von seiner industriellen und teils eher grauen Seite, und wer zu Fuß vom S-Bahnhof kommt, hat vielleicht das Donnern der zu unterquerenden A1 im Ohr. Doch dann wird alles anders – spätestens, wenn der Stillhorner Hauptdeich erreicht ist und Beton sowie Lärm zur Erinnerung werden. Ganz ähnlich wie in den Vier- und Marschlanden geht es an Schildern mit sogenannten „Deichkilometern" kilometerweit über den Deich, bis sich rechter Hand ein Eingang in einen nahezu magischen Wald öffnet. Dabei handelt es sich um das nur 100 Hektar große Naturschutzgebiet Heuckenlock mit Tideauenlandschaft, durch das ein kleiner Rundweg führt und einen am Ende wieder am Deich ausspuckt.

Die Bunthäuser Spitze ist der letzte Zipfel von Wilhelmsburg und trennt die Elbe in einen Nord- und einen Süd-Arm. Und nicht nur das – sie ziert ein gerade mal sieben Meter hoher, froschgrüner Leuchtturm mit Weitblick über Natur und Traumstrände.

Wie so oft sagt die Größe rein gar nichts über das Gebiet aus, denn im Heuckenlock soll sich die größte Artenvielfalt Hamburgs angesiedelt haben – etwa 700 verschiedene Spezies! Unter den Pflanzen findet sich beispielsweise die Grannensegge allein in diesem Naturschutzgebiet, und fast ebenso selten ist der Schierlings-Wasserfenchel.

IM SÜDEN HAMBURGS

Der kleine Bunthäuser Leuchtturm

Wilhelmsburg Spitze zweiteilt die Elbe

Es geht vorbei an Schilfrohr von bis zu vier Metern Höhe und an Sümpfen, während sich an den feuchtesten Stellen Pappeln besonders wohlfühlen. Es duftet nach frisch erwachten Blüten und klingt nach Insekten, die unkoordiniert durch die Luft schwirren. Im nördlichen Teil des Naturschutzgebietes, das für Besucher geschlossen ist, sollen sich sogar manchmal Großvögel zur Nahrungssuche versammeln, darunter Weißstörche, Kormorane und Graureiher.

Fast fühlt man sich aus der Wildnis verbannt, wenn es zurück auf den Deich geht und weiter in Richtung Ende von Wilhelmsburg, zur Bunthäuser Spitze. Achtung: Der kleine Pfad zur Spitze ist kaum erkennbar, und wer ihn übersieht, landet auf dem vollkommen umzäunten Campingplatz und muss am Ende den ganzen Weg zurücklaufen! Der öffentlich zugängliche Weg zweigt hingegen kurz vor dem Campingplatz scharf rechts ab und führt auf einem bald schattigen, baumbestandenen Spazierweg bis zum großen Finale. Oder eher zum ganz kleinen Finale, denn wer einen hoch in den Himmel aufragenden Leuchtturm erwartet, ist zunächst einmal sprachlos: Kein Foto des grünen, an der Spitze rot-weiß gestrichenen Holzleuchtturms verrät, dass er nur knapp sieben Meter hoch ist und damit ein echter Zwerg. Der Aufstieg über eine steile Holztreppe lohnt sich trotzdem, denn von oben hat man den besten Blick auf das in Form von unberührter Natur und Schilf in der Elbe verlaufende Wilhelmsburg. Und nicht nur das – es zeigt sich auch ganz genau, wie diese Spitze die Elbe zweiteilt und wie sie fortan als Süder- und Norderelbe weiter in Richtung City fließt, bevor sie sich kurz vor Altona wieder vereint. Der kleine Leuchtturm markiert die Spitze bereits seit 1914 und sollte Schiffe gerade bei nebeligem Wetter und nachts warnen, dass sich der Fluss dort teilte. Noch bis 1977 war er in Betrieb und gilt heute als maritimes Denkmal. Und als ein Ort, an den sich kaum jemand verirrt und wo man auch an heißen Tagen relativ sicher seine Ruhe haben wird.

Lage:
an der äußersten Südspitze der Halbinsel Wilhelmsburg

Anreise mit dem ÖPNV:
- Ab Hamburg Hauptbahnhof mit der S3 oder S31 bis Bahnhof Wilhelmsburg, dann weiter mit Bus 351 bis Haltestelle Freiluftschule Moorwerder. Von dort führt ein schöner, etwa ein Kilometer langer Fußweg in gut zehn Minuten bis zum Leuchtturm.
- Alternativ kann man direkt ab Bahnhof Wilhelmsburg laufen (ca. sieben Kilometer) – ab Südausgang über die Wilhelmsburger Reichsstraße bis zum hölzernen Wälderhaus und dort rechts abbiegen. Weiter nach Süden zum Inselpark und erneut über die Wilhelmsburger Reichstraße, dann nach rechts in eine Siedlung mit Satteldachhäusern aus der Nachkriegszeit. Ist der Friedhof Finkenriek erreicht, geht es in östlicher Richtung unter der A1 hindurch bis zum Stillhorner Hauptdeich – dann im Prinzip immer weiter geradeaus, mit möglichem Abstecher ins Naturschutzgebiet Heuckenlock.

44 Rundgang durch die Zeiten

DAS ARCHÄOLOGISCHE MUSEUM

40.000 Jahre Menschheitsgeschichte am Beispiel von Hamburg beziehungsweise Norddeutschland – das bietet das Archäologische Museum im Stadtteil Harburg. Nicht etwa in der üblichen chronologischen Reihenfolge, sondern spannend aufgeteilt nach Themen.

Eigentlich ist das Archäologische Museum selbst schon ganz schön alt, geht es doch auf das Jahr 1898 zurück, als Harburg noch eine selbstständige Stadt war. Doch erst 2009 eröffnete die heute zu sehende Dauerausstellung in einem modernen Gebäude unweit des historischen Harburger Rathauses. Hier geht es nicht um die einfache Ausstellung von Objekten, son-

Aufwendig verzierter Tonkrug

dern darum, eine Brücke zu schlagen zwischen Vergangenheit und Gegenwart. Und das aufgebaut nach Themen, die sich durch die Menschheitsgeschichte ziehen wie ein roter Faden und sich auch im Leben der Besucher wiederfinden, seien es Nahrung, Werkstoffe, Mobilität, Innovation, Gewalt oder Tod.

Der Spaziergang hinein in die Menschheitsgeschichte beginnt im Erdgeschoss mit einer aus 25.000 Eiswürfelformen entworfenen, bläulichen Gletscherspalte. Der Besucher wird entführt in eine norddeutsche Landschaft nach der letzten Eiszeit. Man fühlt sich inmitten einer Ausgrabungsstätte mit von Geröll bedecktem Boden, herumliegenden Baumstämmen, angedeuteten Grabstätten, Tiergerippen, Jagd- und Fischereiobjekten in den Vitrinen – und Feuerstellen. Wie ein Lagerfeuer laden sie zum Verweilen ein, um auf mehreren Bildschirmen etwas über die Frühgeschichte Norddeutschlands zu lernen. Gerade auf dieser Ausstellungsebene ist der individuelle Entdeckergeist von Groß und Klein angesprochen.

Im Obergeschoss geht es hingegen in eine uns sehr viel vertrautere Welt, in der das Christentum – symbolisiert durch ein großes Taufbecken – bereits Einzug gehalten hat. Orientiert man sich an den Themenbereichen, wird eines auch kleinen Besuchern schnell deutlich: Früher mussten die Menschen ihr Leben auf dem aufbauen, was ihnen Umwelt und Natur an Rohstoffen zur Verfügung stellten, sprich Holz und Steine, Bronze und Eisen. Mit der Zeit aber verdrängte der uns heute allzu vertraute Kunststoff die ursprünglichen Materialien. Die Plastikflut auf den Meeren ist anschaulich dargestellt durch eine Plastikwelle inmitten des Raums. Dabei werden die vielen Fundstücke, gruppiert in einer Art Themeninseln, jedoch stets begleitet von einem Rückblick in die Vergangenheit – mithilfe von geschickt am Boden eingelassenen, begehbaren Sichtfenstern.

Kunst aus Stein

Darüber hinaus veranschaulicht die Ausstellung den weiten Weg von der Zeit der mühsamen Nahrungssuche über das Sesshaftwerden, den Beginn von Ackerbau und Viehzucht bis hin zu Nahrungsmitteln aus Konserven im Überfluss. Und auch das Thema Mobilität

Außergewöhnliche Gefäße

ist nicht nur als Phänomen der Gegenwart dargestellt, wo Reisen recht einfach ist, sondern als die gesamte Menschheitsgeschichte prägend. In diesem Kontext dürfen in einem Hamburger Museum natürlich nicht die Wasserwege fehlen: Man erfährt, welche Bedeutung zum Beispiel die Elbe von Anfang an für die Fortbewegung hatte, wie die ersten Boote aussahen und wann die Räderherstellung begann. Immerhin waren Menschen, seit es sie gibt, stets mobil, sei es wegen des Klimas, der Nahrungssuche, wegen Spannungen, des Transports von Waren und Ideen oder einfach aus Abenteuerlust. Dazu passend erscheint ein überdimensionaler Plan der Hamburger Verkehrsbetriebe, worauf sich nachverfolgen lässt, woher in Hamburg die archäologischen Funde stammen – und wo vielleicht noch Schätze auf ihre Entdeckung warten.

Lage:
Archäologisches Museum Hamburg:
Museumsplatz 2, 21073 Hamburg,
Tel.: 040 4287 12497

Anreise mit dem ÖPNV: Ab Hamburg Hauptbahnhof mit der S3 oder S31 in Richtung Neugraben bis Harburg Rathaus. Von dort ist man nach knapp 300 Metern am Museum.

Öffnungszeiten: Dienstag bis Sonntag 10 bis 17 Uhr, Montag geschlossen

Eintritt: Erwachsene 6 EUR, Kinder und Jugendliche bis 17 Jahre gratis, reduziertes Ticket 4 EUR (zum Beispiel Besitzer der Hamburg CARD)

Website: *amh.de*; die Website informiert regelmäßig über Sonderausstellungen, Vorträge oder spezielle Programme für Kinder, darunter Workshops oder „Sonntagskinder". Online kann man im Shop außerdem Bücher rund um die Menschheitsgeschichte oder speziell zum Archäologischen Museum und seinen Fundstücken bestellen.

45 Spaziergang

VOM HISTORISCHEN ZUM MODERNEN HARBURG

Im Grunde ist Harburg Hamburgs Zentrum gar nicht so unähnlich – dort liegen Historisches und Modernität nämlich ebenso nah beieinander. Zwar gibt es keine Elphi, dafür aber eine Marina Schlossinsel. Alle Highlights lassen sich am besten bei einem Harburg-Spaziergang erkunden.

IM SÜDEN HAMBURGS

Das Rathaus in Harburg

Es ist das Erste, was sich dem Harburg-Besucher stolz zur Schau stellt: das Harburger Rathaus, das je nach Sonnenstand und Licht in den schönsten Rottönen erstrahlt. Es wurde Ende des 18. Jahrhunderts erbaut und architektonisch scheute man keine Mühen – roter Backstein wechselt sich ab mit Verzierungen aus hellem Sandstein. Nachdem das Gebäude im Zweiten Weltkrieg stark beschädigt und daraufhin restauriert wurde, büßte es leider einen Teil seiner ursprünglichen Pracht ein, doch viel zu bewundern gibt es noch immer. Sehenswert sind unter anderem Sinnsprüche zu Schifffahrt, Handel und Gewerbe und Wappen, die zeigen, dass Harburg immer mal wieder die Zugehörigkeit wechselte, sei es zu Lüneburg, Hannover oder Preußen. Beim Blick ins Innere offenbart sich sofort das prunkvolle Treppengeländer aus dem 19. Jahrhundert. Das Treppenhaus ist wie der Sitzungssaal mit bunten Glasfenstern ausgestattet, die Motive aus der Hamburger Geschichte darstellen.

Lämmertwiete

Wenige Hundert Meter vom Rathaus entfernt ist Harburgs kleiner historischer Kern erreicht, dessen Herz die gemütliche, kopfsteingepflasterte Gasse mit dem lustigen Namen „Lämmertwiete" ist. Diese misst nur 100 Meter, entstand bereits 1650 und beheimatet deshalb auch

IM SÜDEN HAMBURGS

Kultur Kran

die letzten in Harburg noch erhaltenen Fachwerkhäuser, die teilweise Restaurants oder Bars beherbergen. Passend zum Namen findet sich zwischen den Stühlen einer Gaststätte sogar ein Monument aus einem Schaf mit zwei Lämmern, das die Stadt Harburg 1988 zum 700-jährigen Bestehen geschenkt bekam. An vielen der malerischen historischen Gebäude sind Informationstafeln befestigt, darunter am Münzhaus des Herzogs von Braunschweig-Lüneburg von 1615. Hat man sich daran sattgesehen, lockt der Harburger Museumshafen. Dieser besteht jedoch nicht aus einer Vielzahl an besuchenswerten Museen, denn den Namen verdankt er seinem Lotsekai, wo mehrere historische Schiffe vor Anker liegen. Dort steigen gerade im Sommer tolle Veranstaltungen wie „Open-Ship"-Tage, an denen man sich die Schiffe von innen anschauen kann.

Einer sticht im Harburger Hafen neben den Schiffen sofort ins Auge – der Kultur Kran, auf den die Harburger ganz schön stolz sind. Der einst schwer arbeitende Drehkran am Lotsekai ist heute ein Denkmal der Industrie-Kultur und außerdem das Wahrzeichen des Harburger Binnenhafens. An Wochenenden ist er zu besichtigen, wobei man alles über die Technik erfährt und den Blick vom Portal oder vom Maschinenraum über den Harburger Hafen genießt. Und bis zur exklusiven Marina Schlossinsel!

Wer nun ein herrschaftliches Schloss auf einer malerischen Insel erwartet, wird überrascht: Vom einstmaligen Harburger Schloss, 1133 erstmals erwähnt, steht heute nur noch der unscheinbare Westflügel. Den Spaziergang auf der Schlossinsel ausklingen zu lassen, ist trotzdem interessant, denn ab 2005 entstand dort ein Städtebauprojekt, um das Areal richtig in Schuss zu bringen und mit topmodernen, attraktiven Wohnanlagen zu bestücken. Eine Grünfläche wurde sternförmig nach der ehemaligen Zitadelle angelegt und umfasst neben den Neubauten auch den Überrest des Schlosses sowie historische Bodenbeläge und Mauerteile, um die Gegenwart mit der Vergangenheit zu verbinden.

Lage:
zwischen Harburger Rathaus und Marina Schlossinsel

Anreise mit dem ÖPNV: Ab Hamburg Hauptbahnhof mit der S3 oder S31 in Richtung Neugraben bis Harburg Rathaus

Öffnungszeiten:
- Rathaus: Öffnungszeiten Bezirksamt: Montag bis Donnerstag 9 bis 15 Uhr, Freitag 9 bis 13 Uhr; Tipp: Am Tag des offenen Denkmals findet jeweils eine Führung durch das Rathaus statt, bei der man unter anderem das Uhrwerk auf dem Dachboden bestaunen kann!
- Kultur Kran: Samstag 11 bis 19 Uhr, Sonntag 11 bis 18 Uhr

Website: *hamburg.de/harburg*

46 Wildpark Schwarze Berge

MEHR ALS TIERE HINTER GITTERN

Einen Wildpark mit dem Namen Schwarze Berge würde man nicht unbedingt in Hamburg vermuten. Berge, und dann auch noch schwarze? In Hamburg ist doch alles flach, glaubt man im Rest Deutschlands. Ein Hamburger wird jedoch empört auf die Harburger Berge verweisen, Hamburgs Mittelgebirge. Dort, im Süden der Stadt, im Stadtteil Harburg, finden sich jedenfalls die höchsten Erhebungen der City und unweit davon der Wildpark Schwarze Berge.

Kinder finden sie meist toll, viele Erwachsene sehen eingesperrte Wildtiere mittlerweile kritisch. Doch der Wildpark Schwarze Berge ist nicht nur ein einfacher Tierpark voller Käfige, sondern auch ein Naturerlebnis und großes Freilaufgelände, wo Besucher und zahlreiche Tiere direkt aufeinandertreffen.

Nach der Fahrt durch Waldstücke und Felder, die das Gefühl vermitteln, die Stadt weit zurückgelassen zu haben, liegt er plötzlich vor einem: der seit 1969 bestehende Wildpark von 50 Hektar. Als Leitbild diente die Einrichtung einer Freizeitgestaltung mit hohem Erlebnis- und Erholungswert, ganz nah an der Natur. Der erste Eindruck unterscheidet sich nicht groß von anderen Tier- und Erlebnisparks, ist geprägt vom hübschen Empfangsgebäude im Landhausstil mit Restaurant und Souvenirshop. Doch nach einem Abenteuerspielplatz und Bollerwagenverleih beginnt der eigentliche Wildpark, wo rund 100 europäische Tierarten leben sollen, von Kaninchen über

Störche bis zu Braunbären, in gesicherten Gehegen, Volieren, oder aber auch frei, je nach Tierart und Bedürfnissen. Das Abenteuer beginnt auf Wegen, die zum Teil befestigt und asphaltiert sind, aber der jeweiligen Umgebung entsprechend auch naturbelassen. Schon sind die anfänglichen Zweifel an den Schwarzen Bergen vergessen: Umgeben von altem, Schatten spendendem Baumbestand in weiten Teilen des Geländes führt eine Wanderung durch den Wildpark tatsächlich durch Berg und Tal.

Freilaufende Rehe

Als Empfangskomitee steht ein Rudel freilaufender, großer und kleiner Hängebauchschweine bereit, die sich allesamt als hungrig, menschenfreundlich und offensichtlich schmerzunempfindlich erweisen – denn gerade Kinder stürzen sich auf die freundlichen Tiere und kneten sie begeistert durch. Blitzschnell sind die im Park erhältlichen Päckchen mit Universalfutter geleert. Auch einige andere Tiere dürfen an den dafür vorgesehenen Stellen gefüttert werden, neben den öffentlichen, über den Tag verteilten Fütterungen, zum Beispiel der Wölfe. Gerade für die kleinen Besucher stellt das Streichelgehege ein Highlight dar.

Zusätzlich kommt dem eigenen Entdecken eine große Bedeutung zu. Tiere werden nicht einfach zur Schau gestellt, sondern

Hängebauchschweine zum Durchkneten

Viel Platz für Luchse

finden in den abgesicherten Gehegen reichlich Unterholz, um sich jederzeit ein wenig zurückzuziehen. So kann es auch passieren, dass man beim Besuch gar keinen Wolf oder Luchs zu Gesicht bekommt, sondern die Ohren oder Bewegungen im Gebüsch und Gras nur erahnen kann.

Das pädagogische Konzept umfasst in jedem Bereich detaillierte Informationen zu den dort lebenden Tieren und ihren besonderen Bedürfnissen und Verhaltensweisen, ebenso wie zur sie umgebenden Natur und deren Bedeutung für ein harmonisches Zusammenleben von Tier- und Pflanzenwelt.

Die häufige Erwartung, eingesperrte Tier anzuschauen, wird ersetzt durch das Gefühl, ein weitgehend offenes Waldstück für kurze Zeit mit dessen natürlichen Bewohnern zu teilen. Dazu kommt Unterhaltung, beispielsweise in einer Art Amphitheater mit Blick auf den größten See des Geländes – und auf die Falkner, die regelmäßig eine Flugschau vorführen. Wer das große Gastronomieangebot nicht wahrnehmen möchte, findet die Köhlerhütte mit Grillmöglichkeiten. Und der ganz Mutige und Schwindelfreie unweit davon den 45 Meter hohen Elbblickturm, ein Stahlgestell, das einen Blick bis ins Zentrum Hamburgs verspricht.

Füttern teilweise erlaubt

IM SÜDEN HAMBURGS

Einkehren im Wildpark

Lage:
Wildpark Schwarze Berge:
Am Wildpark 1, 21224 Rosengarten,
Tel.: 040 81977 470

Anreise mit dem ÖPNV: Ab Hamburg Hauptbahnhof mit der S3 oder jeder beliebigen Regionalbahn bis Bahnhof Harburg und von dort weiter mit Bus 340 bis Wildpark Schwarze Berge (ca. eine halbe Stunde). Der Bus hält praktisch direkt vor dem Eingang.

Öffnungszeiten: November bis März 9 bis 16:30 Uhr, April bis Oktober 8 bis 18 Uhr. Besucher dürfen bis Eintritt der Dunkelheit im Park bleiben, im Sommer bis maximal 20 Uhr.

Eintritt: Tageskarte Erwachsene (ab 15 Jahren) 11 EUR, Kinder (ab 3 Jahre) 9 EUR; Kombiticket mit Kiekebergmuseum: Erwachsene 17 EUR, Kinder 9 EUR (1x Wildpark- und 1x Kiekeberg-Eintritt innerhalb von zehn Tagen). Sonderpreise für Gruppen ab 20 Personen.

Website: *wildpark-schwarze-berge.de*

HINWEIS: Der Park umfasst ein großes gastronomisches Angebot an verschiedenen Stellen, eignet sich aber auch wunderbar zum Picknicken oder Grillen an den dafür vorgesehenen Stellen.

47 Freilichtmuseum am Kiekeberg

GESCHICHTE ZUM ANFASSEN

Wie haben die Menschen auf dem Land zwischen Hamburg und Lüneburger Heide früher gelebt? Was haben sie uns hinterlassen und was können wir auch heute noch von ihnen lernen? Diese und viele weitere Fragen beantwortet das gemütliche Freilichtmuseum am Kiekeberg.

Traditionelles Bauernhaus

Es ist, als würde man an einer Art Tag der offenen Tür durch ein altes Bauerndorf spazieren und als warteten Landwirte und ihre Familien im Inneren der hübschen, aber bescheidenen Häuser nur darauf, Besucher aus der Zukunft zu empfangen. Etwa 40 historische Landhäuser und andere Gebäude verteilen sich über das zwölf Hektar große Gelände im Süden Hamburgs und entführen Hamburger und Nicht-Hamburger in eine Welt, die ihnen meist recht fremd ist: ins Landleben und die Kultur rund um die Winsener Marsch und Nordheide. Dabei geht es nicht nur um die vergangenen Jahrhunderte, sondern auch um die Gegenwart, denn um die vorhandenen Acker- und Weideflächen zu bestellen, geht man bewusst noch immer von Hand vor oder nutzt Geräte wie zu Beginn der Industrialisierung. Ein ökologischer Pfad behandelt zudem das hochaktuelle Thema Umwelt, und zwar mit regionalem Schwerpunkt und Fragen, die über die Zeit aufgeworfen wurden.

Vor einer Scheune sitzen an manchen Wochenenden Frauen, die wie in alten Zeiten spinnen – mit Spinnrad –, und auch andere Handwerke und Gewerbe lassen sich teilweise nach- oder mit-

Historischer Traktor

Kunsthandwerk zum Mitmachen

erleben. Ob Brotbacken, Bierbrauen, Klöppeln, Weben oder Korbflechten, an verschiedenen Aktionstagen ist Mitmachen angesagt. Doch während die Handwerker wechseln, sind andere ständig zugegen: zahlreiche tierische Zwei- oder Vierbeiner, darunter Pommerngänse, Bentheimer Schweine oder Landschafe und das deutsche Niederungsrind. Sie leben verteilt über das sogenannte Marschendorf und das Heidedorf.

Es riecht nach erkalteter Feuerstelle und Holz, wenn man in manches Gebäude eintritt, in Küchen, Schlaf- und Wohnräume lugt und sich vorstellt, wie die Menschen dort im 18. oder 19. Jahrhundert in Großfamilien lebten. Das sogenannte Heidedorf erzählt von der Landwirtschaft der Nordheide mit ihrem kargen Boden, der höchstens den Anbau von Roggen, Hafer und Buchweizen erlaubte, später auch von Kartoffeln. Ansonsten war die Viehhaltung überlebenswichtig für die Bauern, vor allem auch zur Eigenversorgung, zur Düngerproduktion und teils Arbeitsentlastung. Das zeigt zum Beispiel der Heidehof von 1804, während das Elbfischerhaus im Marschendorf von 1904 in den Alltag einer Fischerfamilie hineinführt. Dort lebten die Menschen nämlich vor allem von der Elbe, die nicht nur Einkommen durch die Fischerei versprach, sondern auch durch Schifffahrt und Kleinhandel. Weiter vorwärts in der Geschichte geht es in der Nissenhütte: Dort kamen nämlich im Nachkriegsjahr 1945 Kriegsflüchtlinge unter!

Das Heute und das Gestern sind im Freilichtmuseum stets gleichermaßen präsent – ein Wassererlebnispfad beantwortet seit 2008 Fragen, die kaum ein Erwachsener seinem Nachwuchs besser erklären könnte: Woher kommt das Trinkwasser und wie bekam man es früher aus der Erde? Warum durften Kinder früher eher Bier trinken statt Wasser? Dazu gibt es einen Brunnen zum Ausprobieren. Ebenso interaktiv ist das Agrarium, das Landwirtschaft und Ernährungsindustrie verbindet. Mitmachstationen veranschaulichen unter anderem, wie sich mit verschiedenen Geräten ein Feld bestellen lässt, wie ein Mähdrescher fährt und wie man eine Kuh melkt. Denn was so stadtfern wirkt, gehört auch heute vielerorts auf Hamburger Gebiet noch zum Alltag!

Lage:
Freilichtmuseum am Kiekeberg:
Am Kiekeberg 1, 21224 Rosengarten,
Tel.: 040 7901 760

Anreise mit dem ÖPNV: Ab Hamburg Hauptbahnhof mit der S3 oder jeder beliebigen Regionalbahn bis Bahnhof Harburg und von dort weiter mit Bus 340 oder 4244 bis Museum Kiekeberg. Die Haltestelle befindet sich direkt vor dem Museum.

Öffnungszeiten: Dienstag bis Freitag 9 bis 17 Uhr, Samstag/Sonntag/Feiertage 10 bis 18 Uhr, Montag geschlossen.

Eintritt: Erwachsene 9 EUR, Kinder und Jugendliche unter 18 Jahren frei

Website: *kiekeberg-museum.de*

HINWEIS: Im Park gibt es sowohl ein Restaurant/Café als auch einen Shop. Regelmäßig finden Events zu sogenannter „Gelebter Geschichte" mit ehrenamtlichen Darstellern statt. Außerdem gibt es ganzjährig Aktionstage zu kulinarischen Ereignissen wie Schlachtfesten, einen Käsemarkt oder den Süßen Sonntag, aber auch beispielsweise Traktoren- oder Oldtimertreffen. Am besten informiert man sich auf der Website darüber.

48 Fischbeker Heide

BEGINN DES HEIDSCHNUCKENWEGS

Heidelandschaften und an blühender Heide naschende Heidschnucken sieht man nur in der Lüneburger Heide? Unsinn! Die gibt es genauso schön in der meist menschenleeren Weite des 773 Hektar großen Naturschutzgebietes Fischbeker Heide im Südwesten Hamburgs. Dort beginnt nämlich die erste Etappe des bekannten Fernwanderwegs und führt auf 26 Kilometern bis nach Buchholz in der Nordheide. Zwar blüht die sogenannte Besenheide nur kurz in ihrem zarten Violett, etwa zwischen Mitte August und Anfang September, aber ein mehrstündiger Spaziergang in dem Naturschutzgebiet lohnt sich auch im Rest des Jahres. Beispielsweise auf dem dortigen Heidschnuckenweg, gut markiert mit einem H oder Wegweisern mit „Heidschnuckenweg" und lächelndem Schafskopf, oder auf einem der vielen anderen Wanderwege.

Ein Ausgangspunkt für Wanderungen ist der gut erreichbare alte Schafstall, der zum Informationszentrum umfunktioniert wurde. Es bietet dank Erklärungstafeln und einer kleinen Ausstellung einen Überblick über die tierischen und pflanzlichen Bewohner der Fischbe-

> Begeisterte Fernwanderer haben vielleicht schon einmal von ihm gehört – dem 223 Kilometer langen Heidschnuckenweg durch die Lüneburger Heide. Doch wenige wissen, dass der in Hamburg beginnt! Genauer gesagt im Naturschutzgebiet Fischbeker Heide mit vielen schönen Wanderwegen.

ker Heide: Wer es bisher noch nicht wusste, erfährt, dass die Besenheide ihren Namen der einstigen Verwendung bei der Besenproduktion verdankt. Und dass die Zwergstrauchart stolze 80 Jahre erreichen kann. Doch obwohl der Boden sehr nährstoffarm und sandig ist, lässt er noch weitere Pflanzen gedeihen, darunter Heidekraut, Birken und Kiefern, teils auch Ginster und Beeren. Und tatsächlich wird man an den Pfaden immer wieder an Heidelbeersträuchern mit im Spätsommer bereits ausgereiften Beeren vorbeikommen, die schnell zum beliebten Wandersnack werden.

Blühende Heide im August/September

Wer genau hinschaut, trifft bei seiner Wanderung vielleicht auch auf den einen oder anderen der gut 2000 tierischen Bewohner, allen voran die Heidelibelle oder eine seltene Schmetterlingsart, das sogenannte Heide-Grünwidderchen. Aber auch bis zu 15 Zentimeter lange Zauneidechsen, die es sonst nirgends in Hamburg gibt, fühlen sich wohl in der Heidelandschaft und teilen diese Präferenz mit Kreuzottern, Blindschleichen und

Wegweiser Heidschnuckenweg

IM SÜDEN HAMBURGS

Heidschnuckenherde

Ringelnattern – die nach Aussage des Personals noch nie einen Wanderer gebissen haben! Auch ein Blick in die Luft lohnt sich, denn dort könnten neben Segelflugzeugen, die vom Segelflugplatz im Naturschutzgebiet abheben und manchmal Besucher mitnehmen, auch Heidelerchen schweben! Mit ein wenig Glück lässt sich sogar ein echter Schäfer beobachten, der jeden Morgen mit seiner Heidschnuckenherde vom Stall neben dem Informationshaus hinaus in die Landschaft spaziert und am Nachmittag zurückkehrt. Die langhaarigen Schafe mit ihren markanten Hörnern, die stets aussehen, als müssten sie dringend frisiert werden, ernähren sich mit Vorliebe von Schösslingen und kleinen Pflanzen rund um die Heide. Außerdem halten sie die Heide selbst kurz, was wiederum deren Lebensdauer um Jahrzehnte verlängert. Dabei kommt der sonderbare Name Heidschnucke vom norddeutschen Wort „schnökern" – naschen – weil die Tiere so gerne an der Heide knabbern.

Schmetterlingsvielfalt in der Heide

Wer nicht nur Heide und Schnucken sehen möchte, der entdeckt auf dem Archäologischen Wanderpfad einige Hügelgräber der Stein- und Bronzezeit und erfährt auf regelmäßigen Schautafeln mehr über die reiche Geschichte des heutigen Naturschutzgebietes. Denn dass man dort heute der Hektik der Stadt entfliehen und durchatmen kann, ist vor allem uns Menschen selbst zu verdanken: Alle Heideflächen, auch in der Lüneburger Heide, entstanden nämlich mit der Zeit aufgrund landwirtschaftlicher Nutzung!

Lage: zwischen Hamburg-Fischbek und Neu Wulmstorf

Anreise mit dem ÖPNV zum Informationshaus „Schafstall": Ab Hamburg Hauptbahnhof mit der S3 bis Hamburg-Neugraben, dann weiter mit Bus 250 bis Endstation Fischbeker Heideweg. Von dort sind es noch etwa fünf Minuten zu Fuß zum Info-Haus.

Öffnungszeiten: April bis Oktober Dienstag bis Freitag 10 bis 13 Uhr, Samstag 12 bis 17 Uhr, Sonntag/Feiertag 11 bis 17 Uhr

Eintritt: frei

Aktivitäten: Neben einem Teilstück auf der 1. Etappe des Heidschnuckenweges bieten sich in der Fischbeker Heide auch andere Wander(rund)wege an, darunter der Archäologische Wanderpfad von 2,5 Kilometern, vom Trockental zur Heide (ca. 5,5 Kilometer) oder vom Schnuckenstall zum Kiesbarg (ca. drei Kilometer). Je nach Zeit und Kondition kann man auch ein paar kürzere Wanderungen verbinden und dabei noch mehr der vielseitigen Landschaftsformen erleben. Alle Wege sind wunderbar ausgeschildert, und selbst im Hochsommer ist es in der Fischbeker Heide nicht halb so voll wie weiter südlich in der Lüneburger Heide

Websites:
- *regionalpark-rosengarten.de/sehenswert/naturschutz-informationshaus-fischbeker-heide-schafstall-loki-schmidt-stiftung*
- *heidschnuckenweg.de/sehenswuerdigkeit/9370/fischbeker-heide.html*

49 Radtour

DURCH DAS ALTE LAND

Wer Kilometer machen und irgendwo ankommen möchte, ist im Alten Land, das teils zu Hamburg, teils zu Niedersachsen gehört, falsch. Durch das größte geschlossene Obstanbaugebiet Nordeuropas radelt man nicht nur durch, man staunt, schnuppert und verkostet – an zahlreichen Obsthöfen und in urigen Gaststuben.

IM SÜDEN HAMBURGS

Ende April könnte man mit geschlossenen Augen erahnen, wo das Alte Land beginnt – am süß-bitteren Duft, der ankündigt, dass wieder weiße Blüten Tausende von Kirschbäumen schmücken. Und daran, dass es sich auf vielen Wegen mit dem Rad fährt wie auf einem Samtteppich, wenn abgefallene Blüten die Strecken bekleiden. „Viele Besucher sagen ‚Ihr lebt im Paradies', und ich sage, da ist was dran", verkündet Dieter Schilling, 75, seit 15 Jahren Gästeführer im Alten Land und Urgestein der Region. Doch selbst im Paradies ist nicht alles eitel Sonnenschein: „Die Menschen hier sind vom Kampf um ihr Land geprägt, das sie sich immer wieder vom Wasser zurückerobern mussten."

Kirschblüte im Alten Land

Kein Wunder, denn das Alte Land liegt unter dem Meeresspiegel. Trotz geschlossener Ringdeiche von 8,5 Metern Höhe, die auch das Altländer Raderlebnis prägen, sei aufgrund des Klimawandels die Gefahr groß, dass diese bald nicht mehr ausreichen und um weitere anderthalb Meter erhöht werden müssten.

Stolze fünf Radfernwege führen durch das Alte Land, darunter der beliebte Elberadweg und die Deutsche Fährstraße, doch viele Besucher entscheiden sich, eine Etappe der insgesamt 80 Kilometer langen Obstroute durchs Alte Land unter die Räder zu nehmen. Der sogenannte Obstlehrpfad von 1,5 Kilometern ist dabei sogar ausgeschildert mit Symbolen von Kirschen oder Äpfeln.

Einen schönen Stopp bietet Jork, eine der wenigen Siedlungen der Region, die mit ihren Altländer Fachwerkhäusern und Backsteinbauten wirkt wie aus einer Postkarte geschnitten. Viel Grün, etliche Schafe und einige Schiffe später lässt sich dann günstig der kleine oder große Hunger stillen: am Lühe-Fähranleger mit seinen Food Trucks voller Fischbrötchen, der Insider-Tipp unter

IM SÜDEN HAMBURGS

Reetgedecktes Haus am Deich

Radlern, Spaziergängern und Bikern. Sind es im Frühling und Frühsommer Kirschverkäufer, welche die Bürgersteige säumen und die zuckersüßen Früchte unter die Leute bringen, ist ab Mitte August und im Herbst der Apfel dran. Dann gehört zum Tourenproviant ein klatschroter Elstar, ein sonnengelber Jonagold oder ein Boskoop für alle, die es sauer mögen. Ein besonderes Erlebnis: Bei vielen Obsthöfen kann man die Äpfel selbst ernten.

Weiter Richtung Westen zieren üppige Bauernanwesen aus Fachwerk den Weg, teils mit Reetdach, prunkvollen Pforten und Giebeln. Die meisten Häuser verlaufen entlang der Straße parallel zum Deich. „Diese Siedlungsform nennt sich Hufendorf", erklärt Schilling, „das heißt, die Höfe wurden von Hamburg bis Stade entlang des Deiches an der langen Straße angelegt." Doch das Alte Land bietet nicht nur Obstbäume, Leckereien und malerische Häuser – außergewöhnlich sind auch die Kirchen. „Es gibt so viele Kirchen im Alten Land, weil die Siedler früher das Recht hatten, sich

Fußgänger- und Fahrradbrücke

IM SÜDEN HAMBURGS

eigene Kirchen zu bauen", so Schilling. Sie seien bis heute teils mit den Orgeln des bekannten Orgelbauers Arp Schnitger ausgestattet, dessen Name Inbegriff für die norddeutsche Barockorgel ist. Und so gibt es für fast jeden den einen oder anderen Grund, mit dem Drahtesel mal auf die andere Elbseite überzusetzen.

Fußgängerzone in Jork

Lage:
auf der südlichen Elbseite, angrenzend an den Hamburger Stadtteil Neuenfelde

Anreise: Beispielsweise verkehrt vom Stadtteil Blankenese auf der nördlichen Elbseite rüber nach Cranz auf der südlichen Elbseite regelmäßig eine Fähre, auf die man auch das Fahrrad mitnehmen darf. Von Cranz aus lässt sich entlang des Cranzer Hauptdeiches gut eine Fahrradtour von einem halben oder ganzen Tag in Richtung Altes Land starten. Alternativ verkehrt eine Fähre von Schulau am Willkomm-Höft in Wedel rüber nach Lühe mit seinen Food Trucks. Wer bis ins hübsche Städtchen Stade radelt, kann von dort anschließend mit der Bahn zurück nach Hamburg fahren.

Aktivitäten: Das Alte Land eignet sich wunderbar für kürzere oder längere Fahrradtouren. Je nach Jahreszeit kann man auch frisches Obst und Gemüse direkt vom Bauern erwerben oder beispielsweise im Herbst auf manchen Höfen die Äpfel seiner Wahl selbst ernten. Außerdem lohnt es sich, bei der Tour verlorene Kalorien mal mit einem leckeren Kirsch- oder Apfelkuchen wieder reinzuholen.

50 So nah und doch weit weg

HAUSBOOTÜBERNACHTUNG AUF EINEM ELB-ARM

Nur etwa eine Autostunde von Hamburg entfernt liegen sie in Drochtersen an einem versteckten Seitenarm der Elbe: die drei urgemütlichen Hausboote der Familie Makris. Wer ein Hausboot mit Verzicht auf Komfort und Stil verbindet, der irrt – die Boote sind mit Holzdielen und Kamin ausgestattet!

IM SÜDEN HAMBURGS

Kurz hinter dem Alten Land, etwa 20 Kilometer von Stade entfernt, ist es Entenquaken oder der Ruf eines Fischreihers, der Gäste morgens weckt: auf den beiden Hausbooten oder der Wasserwohnung auf einem Ponton im Gauensieker Hafen von Drochtersen. Dort erfüllt sich zumindest in der Vorstellung das Gefühl von „Ganz-weit-weg" und „Wieder-mal-Raus", denn im Grunde befindet sich der ruhige Ruthenstrom ganz nah an der Hamburger City.

Wenn jemand aus der Gegend überhaupt schon mal vom Gauensieker Hafen gehört hat, dann wegen seines Werftgeländes, wo sowohl Schuten als auch traditionelle Ewer entstanden, aber auch kleine Dampfer und Kähne, um ab dem 18. Jahrhundert Äpfel, Kirschen und anderes Obst aus dem Alten Land in die Metropole zu bringen. In diesem Hafen arbeitet das Ehepaar Nicole und Jelle Makris, ein Seemann, und lagert dort unter anderem Boote. So geschah es vor über einem Jahrzehnt, dass ein verrotteter Kahn aus der ehemaligen DDR, eine sogenannte Arbeitsschute, zu den Makris gelangte, der nicht nur 16 Meter lang, sondern auch noch stolze sechs Meter breit war. Zunächst wusste das Paar nicht, was es damit anfangen sollte, doch dann kam die Idee: Es sollte ein komfortables Hausboot daraus entstehen!

Wohnen auf dem Hausboot

Fast zwölf Monate später war Hausboot „Jan" geboren: in wunderschönem Blau bemalt, mit Eichendielen, Schlaf- und Kojenzimmer für Kinder, moderner Küche, Wohnzimmer, Dachterrasse und großen weiß umrahmten Fenstern mit Wasser- und Schilfblick. Später kam ein zweites, ähnliches Hausboot namens „Ulla" hinzu. Ist es warm genug, kann man vom Boot direkt in den Fluss springen – zumindest, wenn alle sechs Stunden Flut ist, denn sonst liegen die Boote auf

IM SÜDEN HAMBURGS

Vom Boot springt man direkt ins Wasser.

dem Trockenen und man landet prompt im Schlick, als wäre man am Wattenmeer! Aber auch wenn nordisches Schietwetter angesagt ist, gibt es keinen Grund zur schlechten Laune: Dann kuschelt man sich einfach vor dem Kaminofen zusammen, schaut fern oder genießt den Sound der Musikanlage.

Die dritte Unterkunft der Makris, „Telse", ist streng genommen kein Hausboot, sondern eine 40 Quadratmeter große Wohnung für zwei auf einem alten Ponton. Doch von der Einrichtung her steht sie Jan und Ulla in nichts nach und bietet einen ebenso weiten Blick über die nach Hamburg einlaufenden oder von dort auslaufenden Container- und

Gemütliches Inneres mit Kamin

Kreuzfahrtschiffe. Wer jedoch nicht so fürs Dolce Far Niente gemacht ist, der findet auch eine Menge zu tun rund um die Hausboot-Idylle. Beispielsweise eine Kanu- oder Kajakfahrt bei Flut auf den ruhigen Flussarmen, zum Gauensieker Sand oder bis in die Krautsander Binnenelbe. Apropos: Das postkartentaugliche Krautsand mit seinem langen Sandstrand ist das schönste Ziel für eine Wander- oder Fahrradtour!

Große Sonnenterrasse

Lage:
Nicole und Jelle Makris:
Schäferstieg 2, 21706 Drochtersen,
Tel.: 04143 999589

Anreise mit dem ÖPNV: Ab Hamburg Hauptbahnhof mit der S3 oder einer beliebigen Regionalbahn in Richtung Cuxhaven bis Stade und von dort weiter mit Bus 2025 in Richtung Freiburg/Bahnhofstraße bis Drochtersen, Gauensieker Feldstraße. Von dort sind es noch etwa 500 Meter bis zum Schäferstieg 2.

Buchung: Die Hausboote kann man per E-Mail unter *nmakris@freenet.de* anfragen oder aber telefonisch.

Übernachtung:
- Hausboote Jan und Ulla, 120 EUR/Nacht (für zwei Erwachsene und zwei Kinder) zzgl. 50 EUR Endreinigung
- Wasserwohnung Tesle: 120 EUR/Nacht (für zwei Erwachsene) zzgl. 50 EUR Endreinigung

Website: *hausbootferien-elbe.de/wordpress*; die Website bietet auch Tipps für Ausflüge in die Umgebung.

Das kleine Wörterbuch

FÜR HAMBURG

A
angetütert – betrunken
ankieken – ansehen
anschieten – jemanden betrügen, hereinlegen oder anschmieren
Appelpannkoken – Apfelpfannkuchen

B
Bangbüx – Angsthase
Braß – schlechte Laune
Buddel – Flasche
Büx – Hose

D

daddeln – spielen, zocken
Deern – Mädchen
Digga – Alter

G
gau – schnell
glitschen – gleiten
Gör – Kind

H
hökern – handeln

K
Katt – Katze
kattendüster – stockfinster
Kiek mol wedder in – Guck nochmal rein
kleien – kratzen
Klei mi an de Feut – Du kannst mich mal
Kaffeeklappe – Kiosk, anderorts auch Trinkhalle/Büdchen
Klock – Uhr
Klock twee – um zwei Uhr
klönen – sich unterhalten
Klönsnack – Unterhaltung
Kodderschnuut – jemand mit frechem Mundwerk
krüsch – wählerisch
Kuddelmuddel – Chaos, Unordnung; auch Mischmasch

L
Lüü, Lüd – Leute

M

Macker – Kerl
mall – verrückt
Moars – Po
Moin – Hallo, Guten Morgen, Guten Tag, Guten Abend

N

Nokieksel, Book to'n nokieken – Lexikon
Nu is daddeldu! – Jetzt reicht's!

P

plietsch – pfiffig, aufgeweckt, intelligent, schlau

Q

Quiddje – Zugezogener, Zugereister

R

Rundstücke – Brötchen gebacken mit weißem Mehl
rum pusseln – basteln

S

Schietwedder – schlechtes Wetter
schmöken – rauchen
schnacken – sich unterhalten
sick högen – sich freuen
Snösel – Lausebengel
sööt – süß

T

tillfeuten – mit den Füßen zappeln
in'n Tüddel koomm – durcheinanderkommen
tüddelig – verwirrt, durcheinander

U

utbüxen – ausbüxen, abhauen

V

verklickern – erläutern

W

Wuling – Unordnung

Z

zappenduster – stockdunkel

Register

A

Alex	4
Alster	10, 11, 18, 103, 116 ff., 118, 140 ff.
Alstertalmuseum	117, 119
Alsterwanderweg	106, 116 ff.
Altes Land	240 ff.
Altona	16, 21, 46
Altonaer Volkspark	11, 38 ff.
Archäologisches Museum	220 ff.
Auswanderermuseum BallinStadt	204 ff.

B

Bach, Carl Philipp Emanuel	81
Bahrenfeld	38 ff.
Ballin, Albert	205
BallinStadt	204 ff.
Bargheer, Eduard	42 ff.
Bargheer Museum	42 ff.
Barmbeker Stichkanal	141
Beatles	58 ff.
Beatles-Platz	62
Beckstraße	97, 99
Beeken, Henning	184
Behnke, Otto F.	30
Bentz, Johann Wilhelm	82
Bergedorf	142, 143, 164 ff.
Bergedorfer Gehölz	142
Bergedorfer Schloss	142, 150 ff., 164 ff.
Bille	140 ff., 165
Billhorner Elbbrücken	153
Billwerder Bucht	153
Binnenalster	4, 18
Bischofsturm-Café	76 ff.
Bismarck, Otto von	35, 193
Bismarckstein	34 ff.
Blankenese	5, 10, 20, 28, 33, 34 ff.
Blankeneser Elbufer	36, 37
Boberger Niederung	160 ff.
Bojsen, Brian	100 ff.
Brahms, Johannes	81
Brian's Steak & Lobster	56, 100, 103
Buchholz	236
Bunthäuser Spitze	216 ff.
Burg Henneberg	118, 119

C

Café Schmidt	46 ff.
Cap San Diego	17
Choi-Nathan, Ina	92
Cordes, Wilhelm	121
Cranz	243
Curslacker Deich	177,

D

Dahliengarten im Volkspark	40
Davidwache	22, 59
Deutsche Fährstraße	241
Dom	21
Dove Elbe	142, 143
Drochtersen	244 ff.
Dücker, Elisabeth von	51
Duschweg	22

E

Elbe	4, 10, 11, 14, 16, 18, 28, 30 ff., 34 ff., 142, 143, 152 ff., 156, 188 ff., 116 ff., 240 ff., 244 ff.

REGISTER

Elberadweg	241
Elbpark Entenwerder	152 ff.
Elbphilharmonie	10, 14
Elbtunnel	4, 12, 13, 17, 216
Ellenbogen	22
Elphi	10, 14
Energieberg	208 ff.
Energiebunker	212 ff.
Entenwerder 1	152 ff.
Eppendorf	141, 143
Erzbischof Bezelin Alebrand	77

F

Fabrique	86, 87
Finkenwerder	13, 43
Fischbeker Heide	236 ff.
Flussschifferkirche	72 ff.
Forsthaus Friedrichsruh	192 ff.
FrauenFreiluftGalerie	50 ff.
Freilichtmuseum am Kiekeberg	232 ff.
Freilichtmuseum Rieck Haus	176 ff.
Friese, Thomas	155

G

Gängeviertel	81, 84 ff.
Gänsemarkt	85, 87
Gedenkstätte KZ Neuengamme	172 ff.
Gedenkstätte Plattenhaus Poppenbüttel	118, 119
Göttsche, Marion	202
Goldbekkanal	138, 141
Graf Bernadotte	37
Graf Rantzau, Peter	145
Guzy, Enrico	128. ff.

H

Hafen City	10, 64
Hafenkran	64 ff.
Hagenbecks Tierpark	11
Hamburger Hafen	4, 10, 50 ff., 64 ff., 72 ff.
Harburg	4, 220 ff., 224 ff.
Harburger Berge	228
Harrys Hafenbasar	64 ff.
Hasse, Johann Adolf	81
Hausbootübernachtung	244 ff.
Heidschnuckenweg	236 ff.
Hennebergpark	118
Herbertstraße	23
Hocquél, Falk	48
Hof Eggers	184 ff.
Hohenbuchenpark	116, 118
Hohendeicher See	168 ff.
Hummel, Hans	82
Hummel-Denkmal	80 ff.
Hummelsbüttel	112 ff.

I

IBA Hamburg	208, 213
Indra	60
In guter Gesellschaft	92 ff.

J

Jenischpark	42 ff.
John Lennon	59, 62
Jork	241, 243
Jupi-Haus	86

K

Karoviertel	88 ff.
Kircheiß, Carl	30
Kirchwerder	180 ff, 184 ff.
Klar, Christian	193

Kleinhuis	82
Klempau's Paulaner Biergarten	40, 41
KomponistenQuartier	80 ff.
Koschmider, Bruno	59
Krautsand	247
Küppers, Aaron	89
Kupferdiebhaus	86

L

Landungsbrücken	4, 17
Lesecafé	139
Liebesinsel	138, 139, 141
Lütt Liv	127, 128 ff.

M

Mahler, Gustav	81
Makris, Nicole und Jelle	244 ff.
McCartney, Paul	59, 62
Mendelssohn, Fanny und Felix	81
Meyer, Franz Andreas	156
Michel	4, 17, 21, 85
Miniatur Wunderland	15
Mönckebergstraße	10, 76
Mühlenberg	36, 37
Mühlenteich	142
Müllberg	112 ff.
Museum der Arbeit	124 ff.
Museum für Bergedorf und die Vierlande	166, 167, 179

N

Naturschutzgebiet Heuckenlock	216, 219
Nordheide	233, 234, 236

O

Obstroute	241
Ochsenwerder	169, 171
Ohlsdorfer Friedhof	120 ff.
Osterbek	141

P

Paul-Roosen-Straße	59
Pegelhäuschen	188 ff.
Pilgerweg	136, 139
Pinguinbrunnen	137, 138
Planetarium	137, 138
Planten un Blomen	19
Polizeimuseum	132 ff.
Poppenbüttel	116 ff.
Poppenbütteler Schleuse	118, 119
Privatweg	22

R

Rathaus	10
Rantzau, Eberhard von	193
Reeperbahn	4, 12, 13, 16, 22, 58, 59, 60, 63
Reinbek	142
Richter, Anton Julius	35
Riepenburger Mühle	180 ff.
Riller, Dr. Schanett	177
Rondeelteich	142
Rosenberg, Harry	64
Rosenhofstraße	98, 99
Rote Flora	97, 98
Rothenburgsort	153, 155, 156, 159
Rumpelstilzchenweg	22
Rutschbahn	22

S

Sachsenwald	192 ff.

Schanzenstraße	97, 99
Schanzenviertel	96 ff.
Schilling, Dieter	241
Schimmelmann, Heinrich Carl	145
Schloss Ahrensburg	144 ff.
Schmeling, Max	192, 194
Schulauer Fährhaus	30 ff.
Schulterblatt	22, 97, 99
Schuster, Hildegund	51, 53
Schwarze Berge	228 ff.
Schwedenspeisung	34, 36, 37
Segelflugplatz	160, 163, 238
Speicherstadt	10, 15, 18, 68 ff. 74, 85, 127
Spicy's Gewürzmuseum	68 ff.
Stade	242, 243
Stadtpark	136 ff., 141
Stadtparksee	136 ff., 141
Star-Club	60, 61
Sternstraße	98, 99
Stillhorner Hauptdeich	216, 219
St.-Katharinen-Kirche	81
Strunge, Axel	18 ff.

T

Teikei-Café	88 ff.
Telemann, Georg Philipp	81
Treppenviertel	20, 37
TRUDE	126
Tutenberg	39

U

Uhlenhorst	141, 143

V

Veddel	200 ff., 204 ff.
Veddeler Fischgaststätte	200 ff.

Vier- und Marschlande	10, 13, 165, 169, 176, 179, 180, 181, 184, 186, 191
vju Café	214, 215
Volksparkstadion	41
Vorgänge für alternative Stadt	87

W

Wanderdünen	160 ff.
Waseberg	35, 37
Wasserkunst Kaltehofe	156 ff.
Wedel	30 ff., 243
Wellingsbüttel	117, 119
Wichern, Johann Hinrich	74, 75
Wildpark Schwarze Berge	228 ff.
Wilhelmsburg	27, 142, 143, 208 ff., 212 ff., 216 ff.
Willkomm-Höft	30 ff., 243
Winsener Marsch	233
Winterhude	139, 141, 143
Wittmoor	108 ff.

Z

Zollenspieker Fährhaus	188 ff.
Zubritz, Alana	92

360°

In der Reihe sind bisher erschienen:

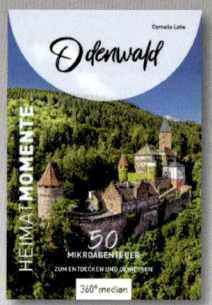

Cornelia Lohs
ISBN 978-3-96855-076-3

Jenny Menzel
ISBN 978-3-96855-074-9

Anke Fietzek
ISBN 978-3-96855-075-6

Nadine Taylor
ISBN 978-3-96855-077-0

HEIMAT**MOMENTE**

HEIMAT**MOMENTE** legt den Fokus auf unvergessliche Momente und spannende Mikroabenteuer. Freuen Sie sich auf Tipps zu ausgefallenen und erlebnisreichen Ausflügen, kulinarischen Highlights sowie einzigartigen Kultstätten und anderen Kuriositäten.

**Preis
je 14,95 €**

Stephanie von Aretin
ISBN 978-3-96855-078-7

Ihr Infos unter
360grad-medienshop.de/heimatmomente

Versandkostenfreie Lieferung innerhalb Deutschlands

Bildnachweis: Alle Bilder von Bernadette Olderdissen, außer
Ajepbah cc by-sa 3.0 S. 118 | Ajepbah cc0 S. 138, 166 | AltSylt cc by-sa 4.0 S. 42 | Arnold Schrott cc by-sa 3.0 S. 189 | ArtMechanic cc by-sa 3.0 S. 238o | Bahnmoeller cc by-sa 3.0 S. 50, 52o, 52u | Böhringer Friedrich cc by-sa 2.5 S. 108 | Brian Bodjen S. 100, 10u, 102, 103 | Bullenwaechter cc by-sa 3.0 S. 222u | Claus-Joachim Dickow cc by-sa S. 110u, 125o, 125u | Corradox cc by-sa 4.0 S. 32o, 190 | Eduard47 cc by-sa 4.0 S. 32u | Ehrenberg Kommunikation cc by-sa 2.0 S. 101o | Einsamer Schuetze cc by-sa 4.0 S. 221, 222o | Emma7stern cc by-sa 3.0 S. 218 | Enter cc by-sa 3.0 S. 206 | Flamenc cc by-sa 3.0 S. 178 | Hamburg Marketing: Titelbild, 15u, 16o, 16u, 18o, 20, 21o, 21u, 22, 34, 143, 148/149, 198/199, 196/197; Andreas Vollbracht, prachtvoll.de S. 18u; Christian Spahrbier S. 9, 19, 54/55; Jörg Modrow S. 14, 17u; Leemans S. 231; Lucas Pretzel S. 17o; Uta Gleiser Photography S. 23 | Hamburger Fischgaststätte S. 202o | Hans Robert Wolters cc by-sa 3.0 S. 109 | Helmut Jungklaus pixabay S. 242u | Hholdman cc by 3.0 S. 193 | Hinnerk1 cc by-sa 4.0 S. 36o | Holger Ellgaard cc by 3.0 S. 146o, 146u, 241 | In guter Gesellschaft S. 94o, 94u, 95 | Joachim Kohler-HB cc by-sa 4.0 S. 230o | John N cc by-sa 2.0 S. 233 | Julian_Hamburg pixabay S. 141 |Karl-Heinz Hochhaus cc by 3.0 S. 234o | Mailtina cc by-sa 4.0 S. 160 | Map4News S. 24, 25, 29, 57, 107, 151, 199 | Michael Gabler cc by 3.0 S. 44/45 | Michail Jungierek cc by-sa 3.0 S. 229 | noch2wo cc by-sa 4.0 S. 104/105 | Norden Dirtsc cc by-sa 3.0. S. 130 | NordNordWest cc by-sa 3.0 S. 214, 217 | Oliver Sigloch S. 93u | Pauli-Pirat cc by-sa 4.0 S. 39, 40, 73, 126, 165, 182, 213 | Pauli Pirat cc0 S. 158o | Polizeimuseum Hamburg S. 133o, 133u, 134o, 134u, 135 | Reinhard Kraasch cc by-sa 3.0 S. 181 | resseKiekeberg cc by-sa 3.0 S. 234u | Rieckmoehl2 cc by-sa 3.0 S. 177 | Roland.h.bueb cc by-sa 4.0 S. 121 | Ruediger cc by-sa 3.0 S. 238u | Schloss Ahrensburg cc by 3.0 S. 145 | Uwe Rohwedder cc by-sa 4.0 S. 153 | Vitavia cc by-sa 4.0 S. 113, 116 | Wolfgang Meinhart cc by-sa 3.0 S. 31 | Wusel007 cc by-sa 3.0 S. 169, 170 | Xaver Dolores cc by-sa 3.0 S. 161 | Zandcee cc by-sa 4.0 S. 205